100 FINS DE PARTIES

inverses.

VOIR PAGES 5 & 6.

MARSEILLE

29 Octobre 1882.

Une Centaine

DE

Fins de Parties Inverses

DÉDIÉE

aux

Amateurs d'Échecs

(DÉPOSÉ)

MARSEILLE.

1882.

Préface

Le Jeu des Échecs donne carrière aux plus hautes théories: le problème de la marche du Cavalier sur toutes les cases sans passer deux fois sur la même offre des particularités extraordinaires. Bon nombre de Joueurs ne se doutent guère que toutes les combinaisons des pièces sur l'échiquier accéderaient une seconde étant donnée par combinaison, la vie de la population humaine du globe terrestre si cette population s'était existé depuis 7000 ans (1)

(1) Un seul Pion accompagné des Rois peut occuper sur l'échiquier 196.984 positions en le fesant marcher sur 56 cases, puisque ce Pion est toujours Pion avant d'être transformé dans le calcul de la combinaison mathématique de 2 Pions un seul doit marcher sur 56 cases, car l'autre ne peut atteindre les 8es cases que lorsque celui-là aura été transformé, serait-il un Pion adverse. Un Pion et les deux Rois se combinent sur l'échiquier de 167.586 manières, en ne le fesant marcher que sur 43 cases au lieu de 56.

De là, tant de problèmes différents l'un
de l'autre.

Dans cet opuscule nous nous contenterons
de donner une centaine de fins de parties
inverses, mais nous nous hâtons de dire que
quelques unes pourront être abrégées, car quelques
amateurs bienveillants à qui nous avons montré
une partie de nos essais ont bien voulu nous
montrer des incorrections, ce dont nous les
remercions sans dissimulation.

Ces fins de parties sont les unes *réelles*,
les autres *fictives*, et parmi elles il y en
a d'imitées de fins de parties directes.

ANTOINE **DEMONCHY**.

— · · · —✦— · · · —

MARSEILLE, 2 Juillet 1882.

Fin de partie
de la Couverture.

—·—

Pedes ad incitas multiplex redactus.

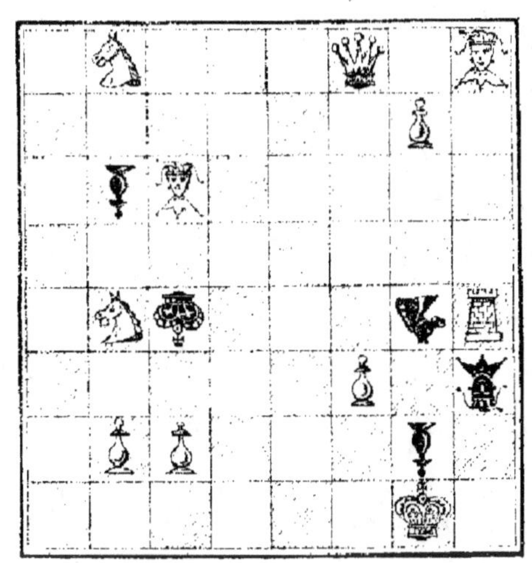

Mat et Pat inverses et multiples.

— ·•· —

Donnée zatrikiologique
de la fin de partie de la couverture

Les Blancs se font mater en 8 coups par le
P↑D dame, en 18 coups par ce même pion?
une dame, en 16 coups par le F, en 21 coups
par le C, en 31 coups par le P↑R (dame): ils
se font aussi pater en 23 et en 20 coups.

———

Afin de donner une idée à nos lecteurs
de notre double et de notre triple échiquiers,
les pages 7 et 8 en représentent les diagrammes.

———

Double-jeu d'Echecs.

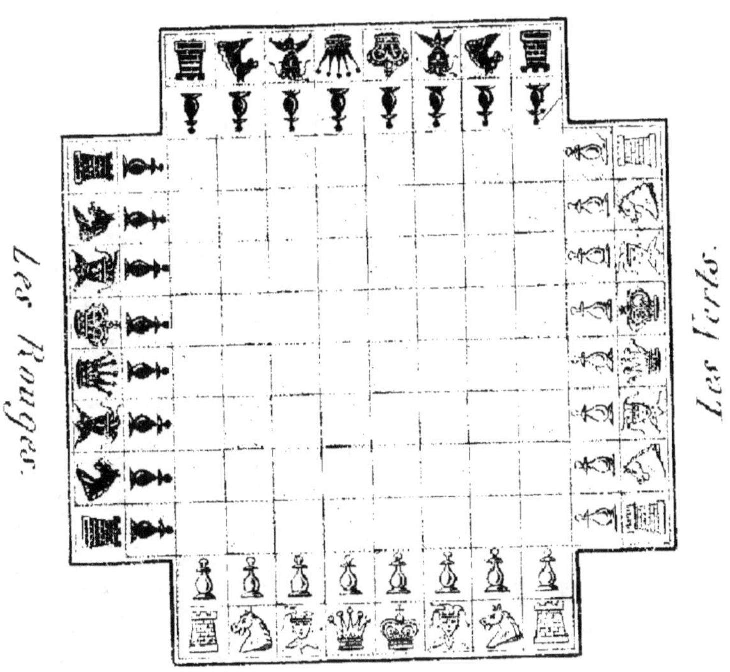

Triple jeu d'Echecs

ou

le jeu d'Echecs à trois.

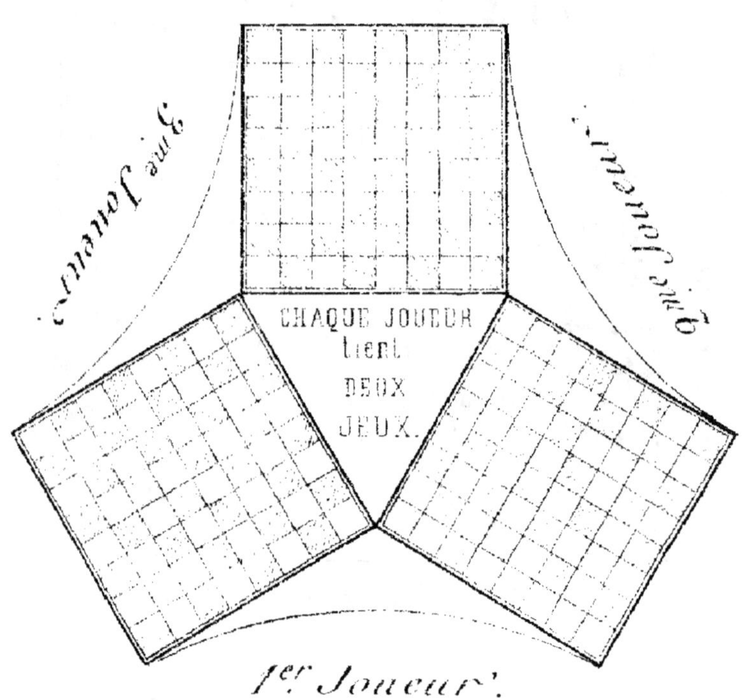

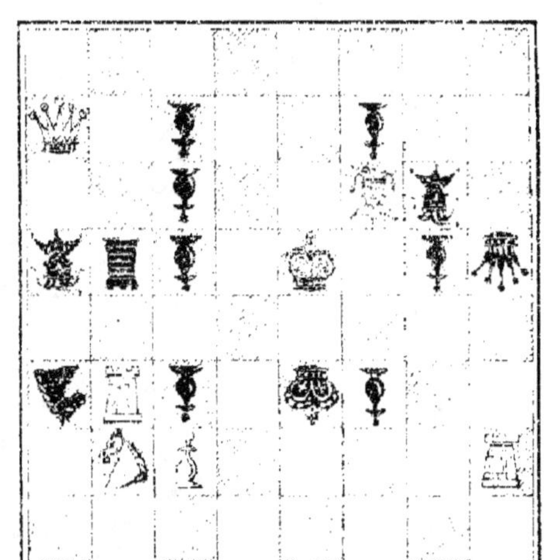

(*) Les Blancs se font mater en 1 coup de
4 manières, c. à. d. par l'une des 4
pièces, ad libitum.

II *

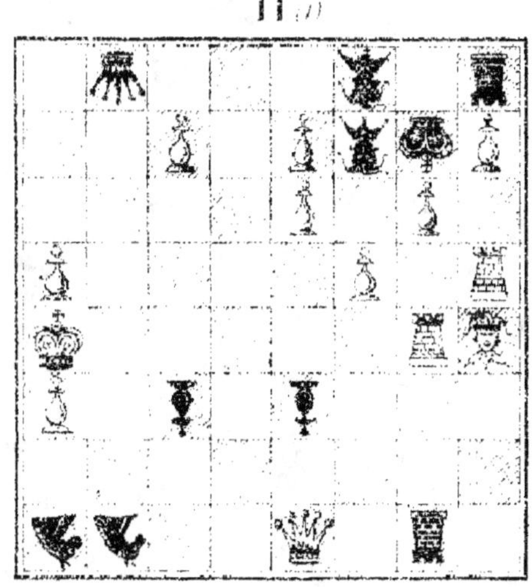

II *bis/11*

III

Mat inverse et direct en 1 coup
de 5 manières, c'est à dire par T.D.C.F.P.

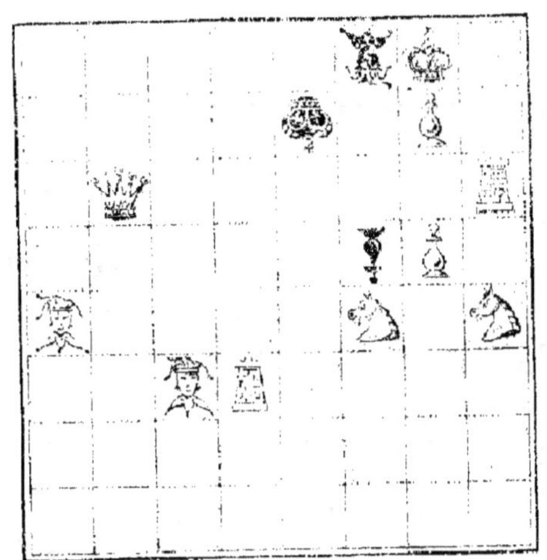

Mat direct en 1 coup de 20 manières.

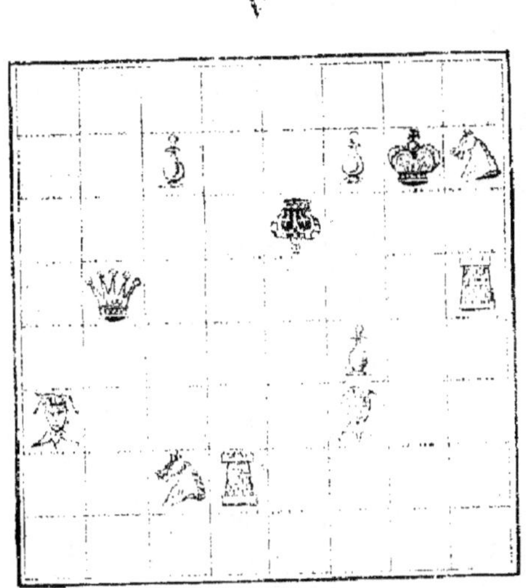

Mat direct en 1 coup de 22 manières.

Mat en 1 coup de 24 manières (1)

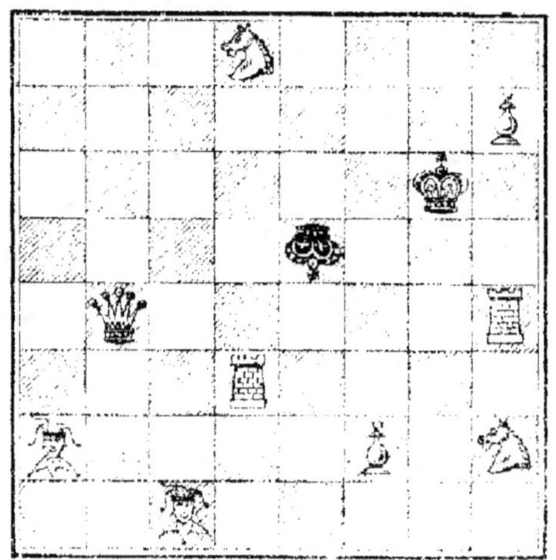

La Dame donne le Mat en autant de manières
que les autres Pièces réunies.

Le coup précédent a été :
1 b 3   d 3 ; R joue.

(1) En plaçant l'D à g 5. et en ajoutant un P blanc
à d 3, le Mat se fait de 25 manières.

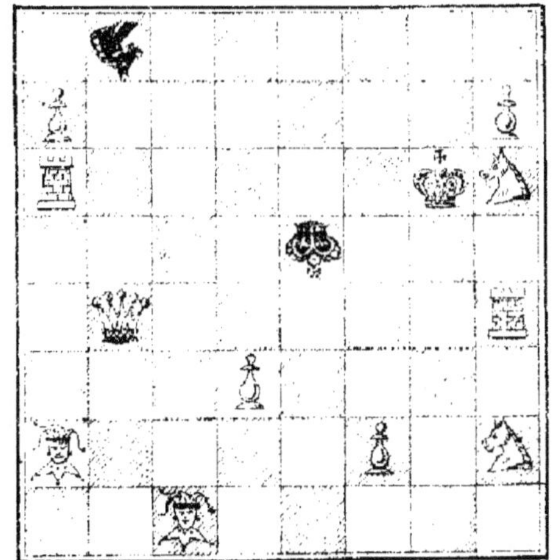

Mat en 1 coup de 26 manières.

VIII

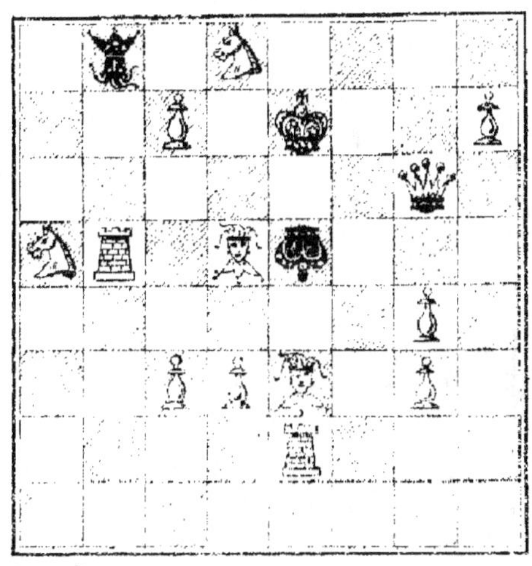

Mat en 1 coup de 32 manières.

IX

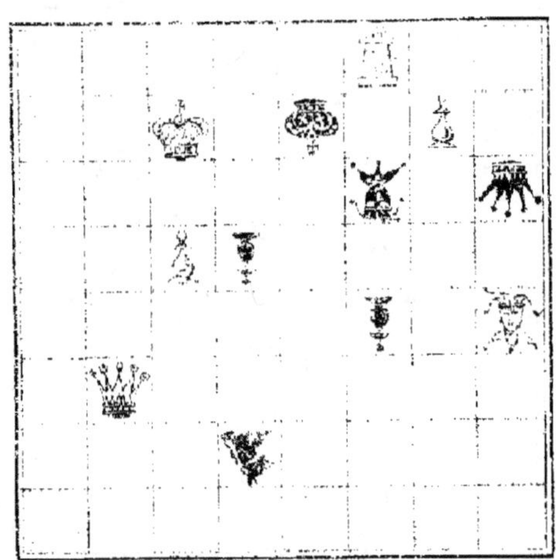

Les Blancs annoncent le mat en 1 coup.

X

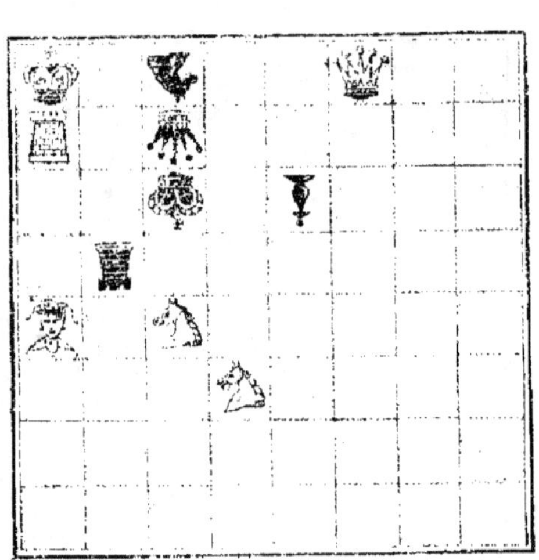

Mat inverse en 2 coups.

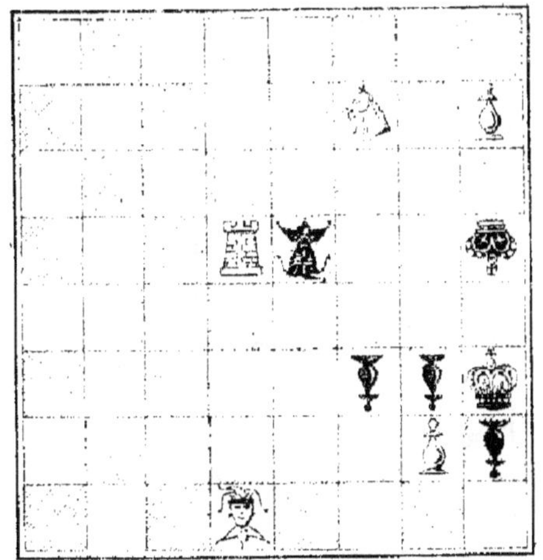

Mat inverse en 2 coups.

XII

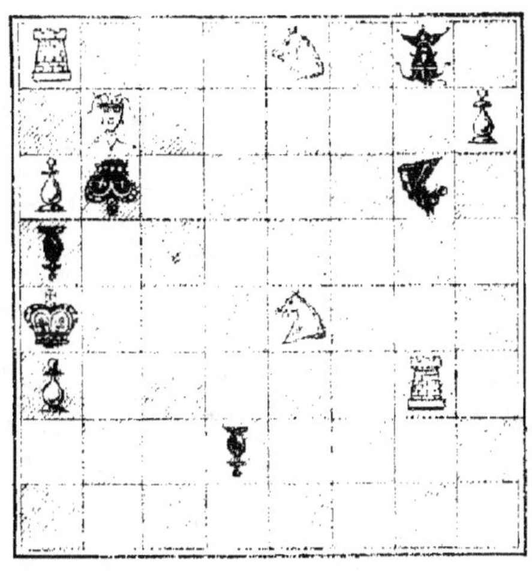

Mat inverse en 3 coups.

XIII

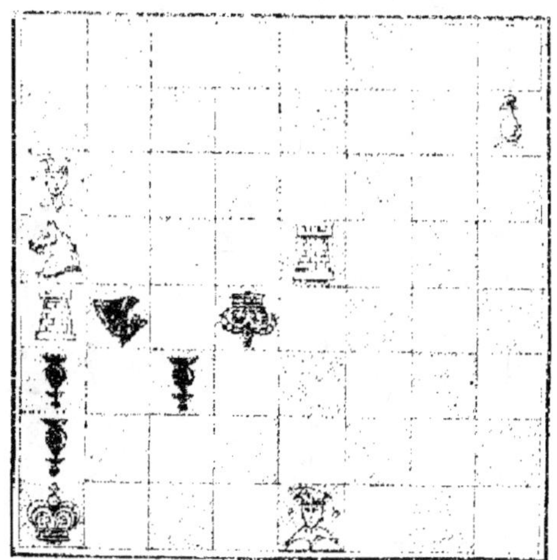

Mat inverse en 3 coups.

XIV

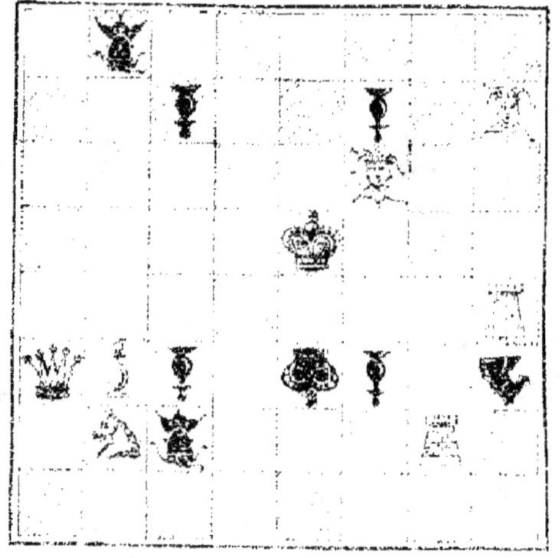

Mat inverse en 3 coups.

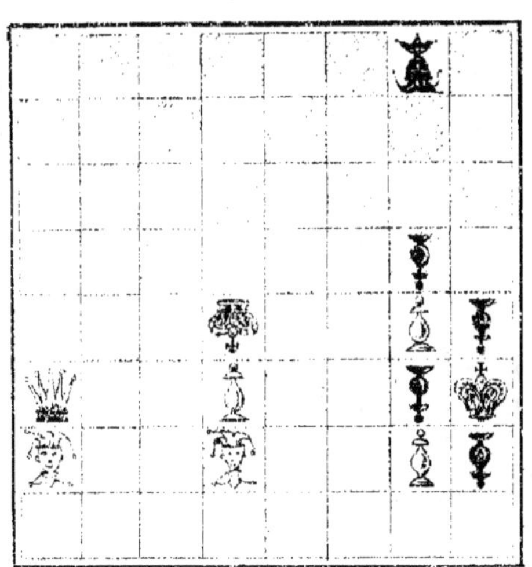

Mat inverse en 3 coups

XVI

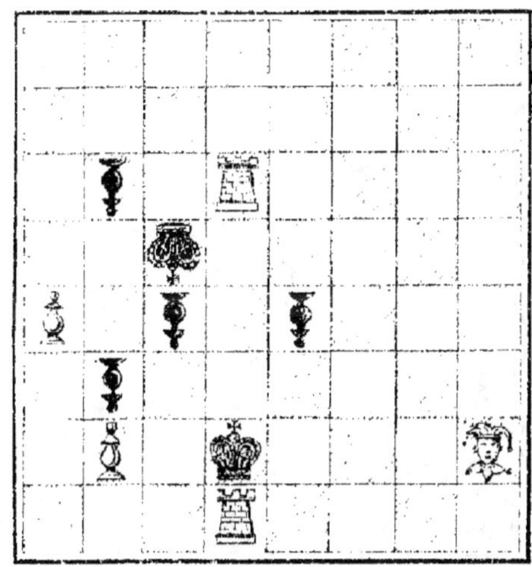

Mat inverse en 3 coups.

XVII

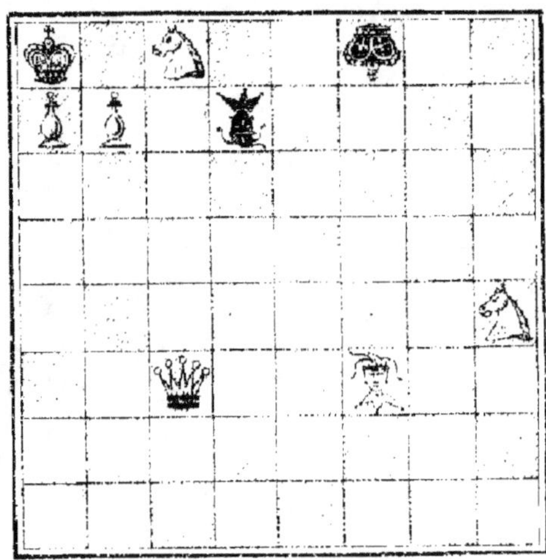

Mat inverse en 3 coups.

XVIII

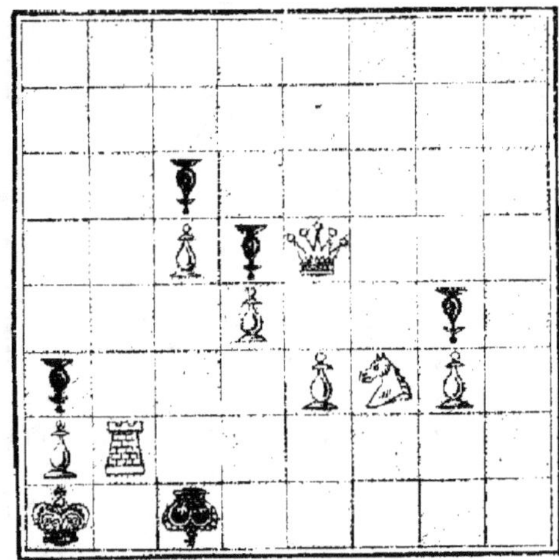

Mat inverse en 3 coups.

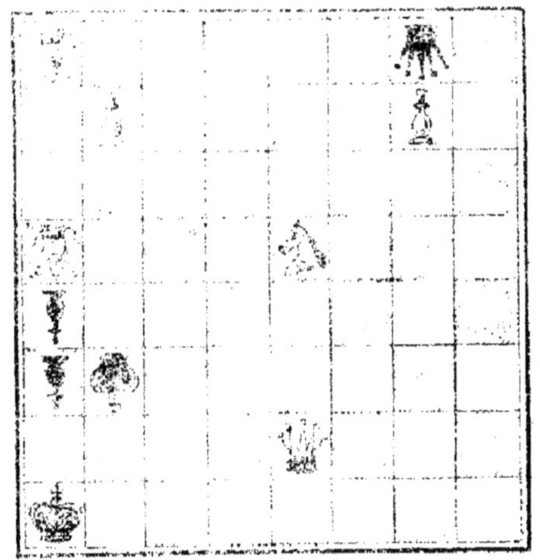

Mat inverse en 4 coups.

X X

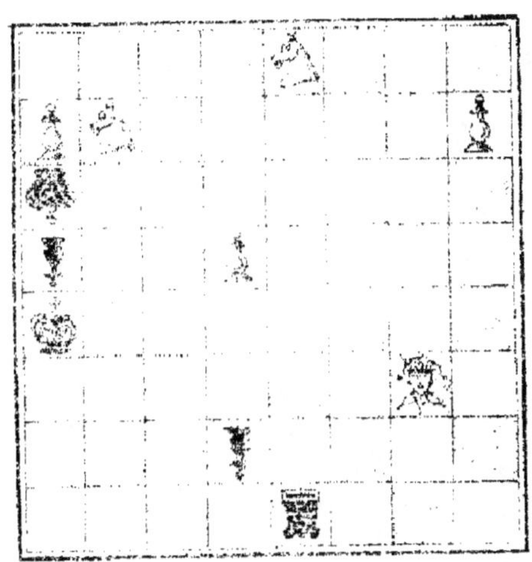

Mat inverse en 4 coups.

Mat annoncé en 4 coups

Mat annoncé en 4 coups

Mat inverse en 4 coups.

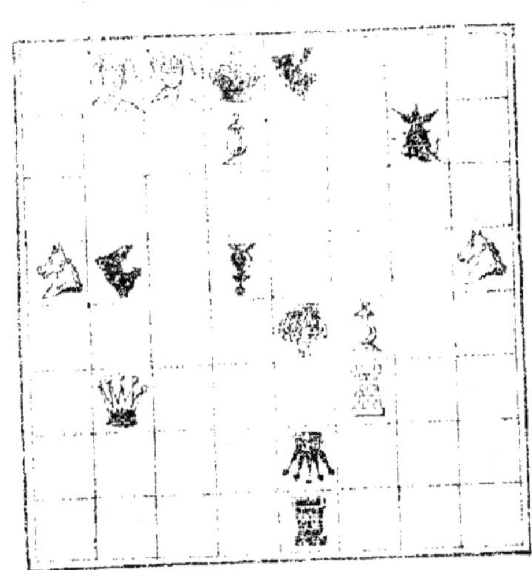

Mat inverse en 4 coups.

XXV

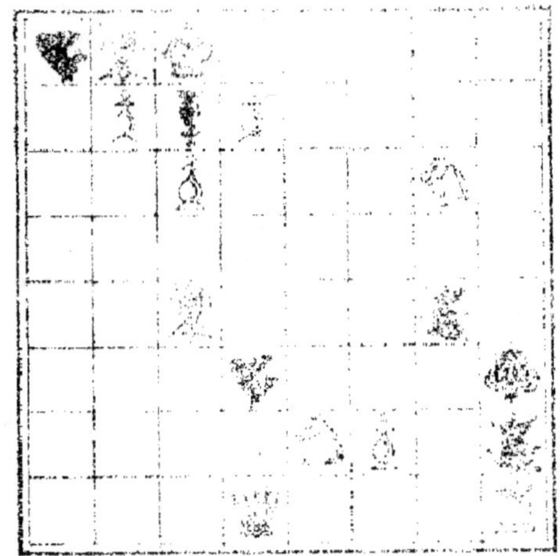

Mat inverse en 3 coups

XXVI

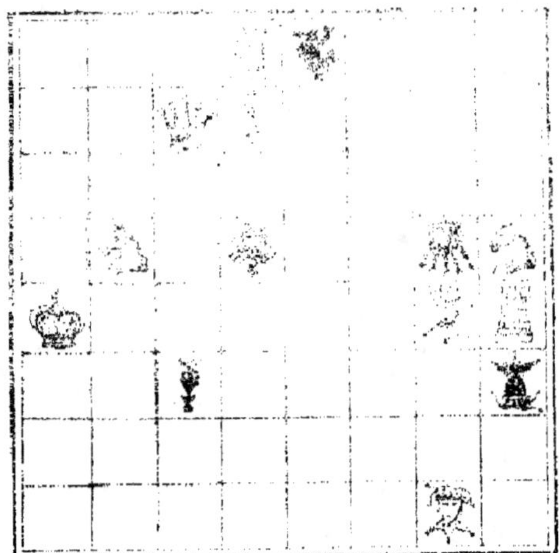

Mat inverse en 5 coups

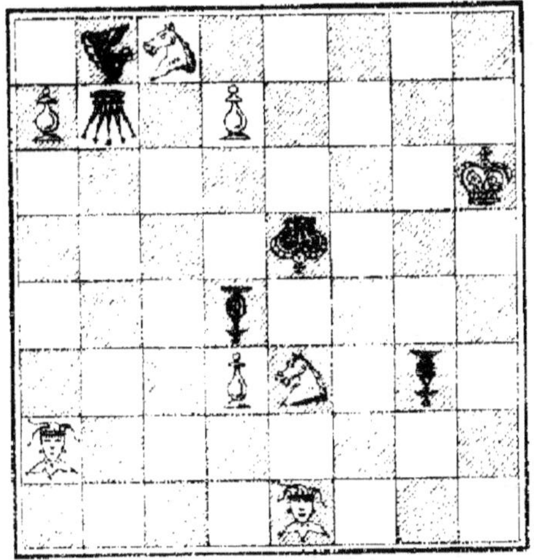

Mat inverse en 5 coups.

XXVII

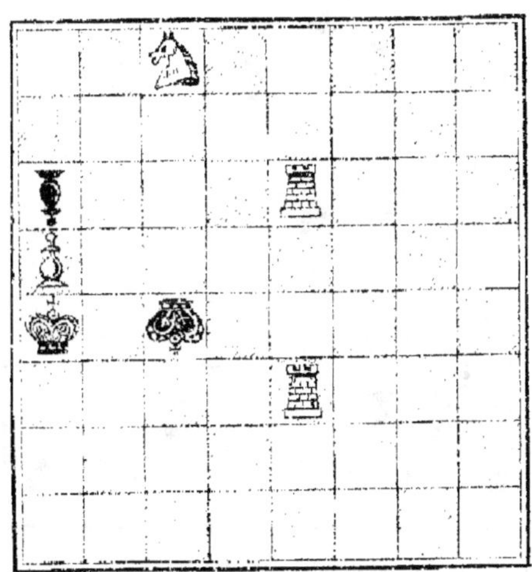

Mat inverse en 5 coups.

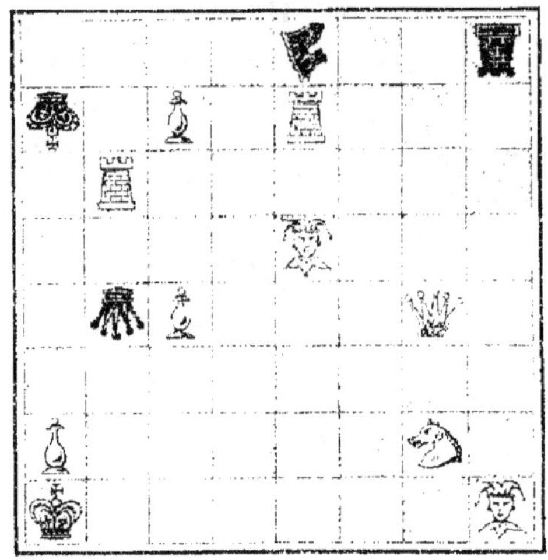

Mat inverse en 5 coups.

XXIX

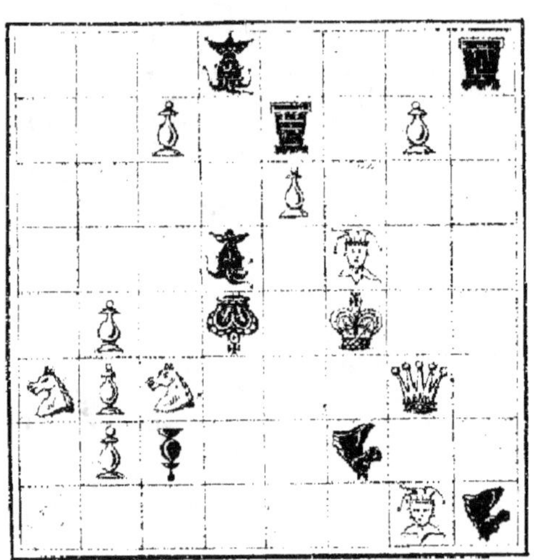

Mat inverse en 5 coups.

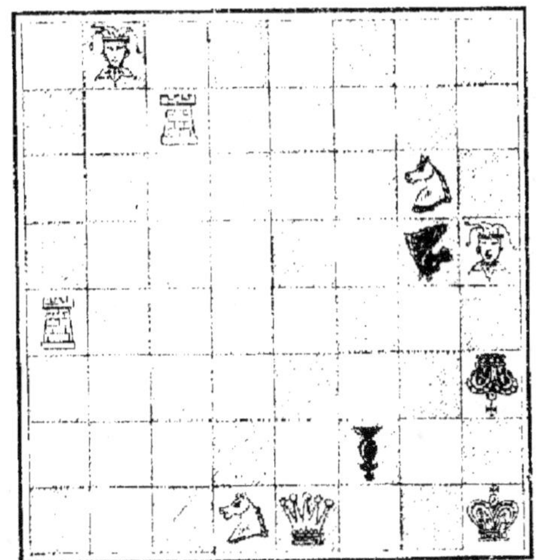

Mat inverse en 5 coups.

XXX BIS

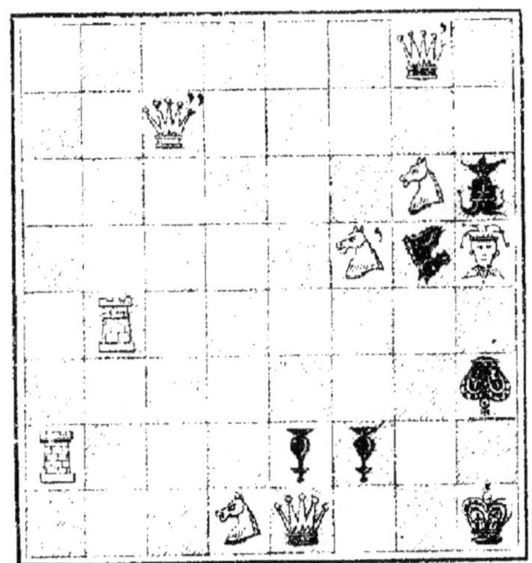

Mat inverse en 5 coups (1).

(1) Si PF est supprimé, le mat
a lieu également en 5 coups.

Mat inverse en 5 coups.

XXXII

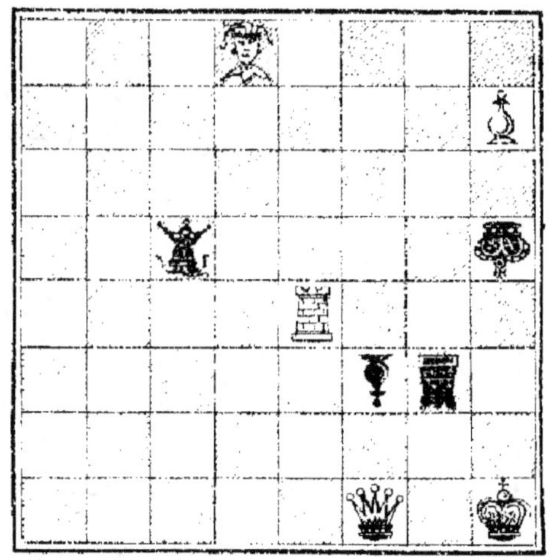

Mat inverse en 5 coups.

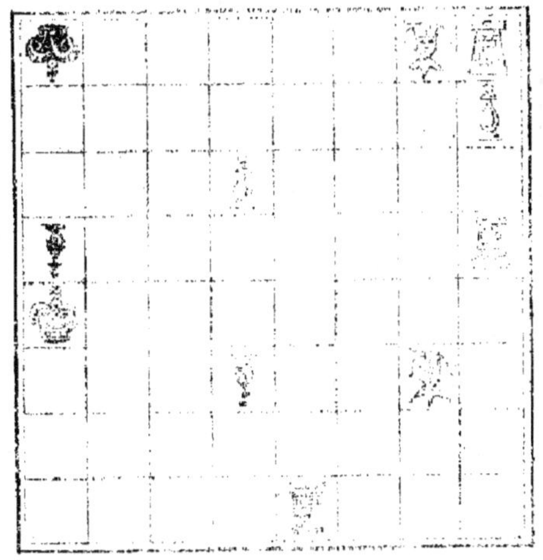

Mat inverse en 6 coups.

XXXIV

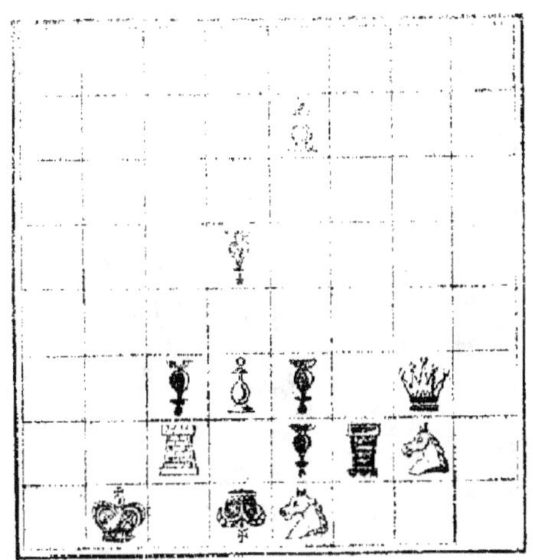

Mat inverse en 6 coups.

XXXV

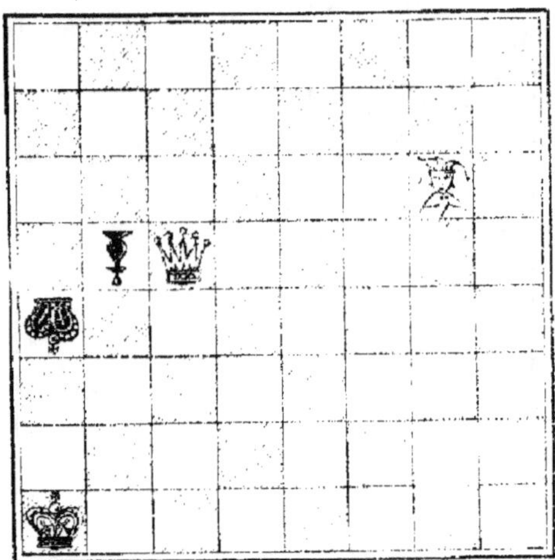

Mal inverse en 6 coups.

XXXVl

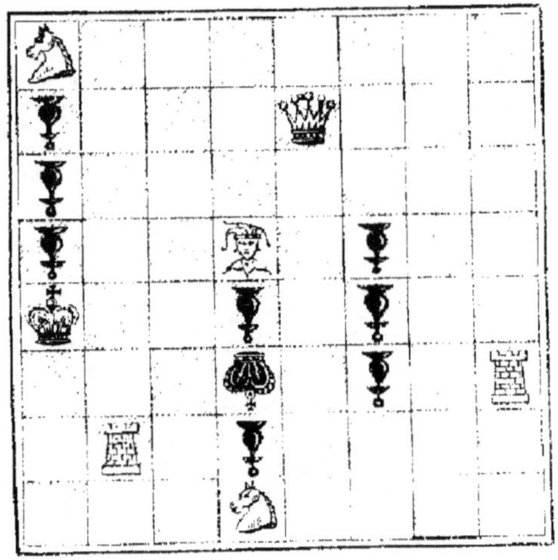

Mal inverse en 6 coups.

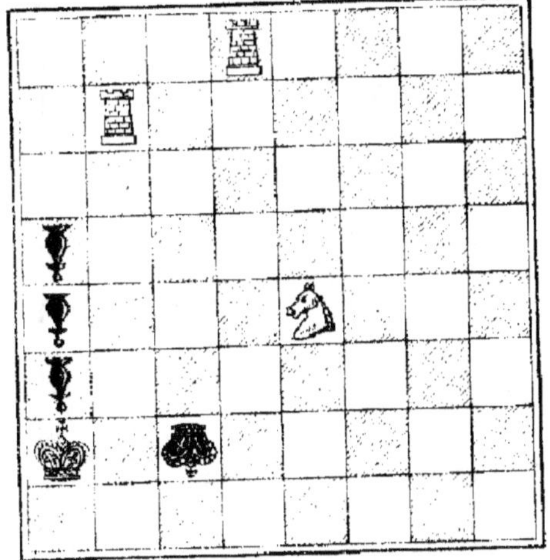

Mat inverse en 6 coups.

XXXVIII

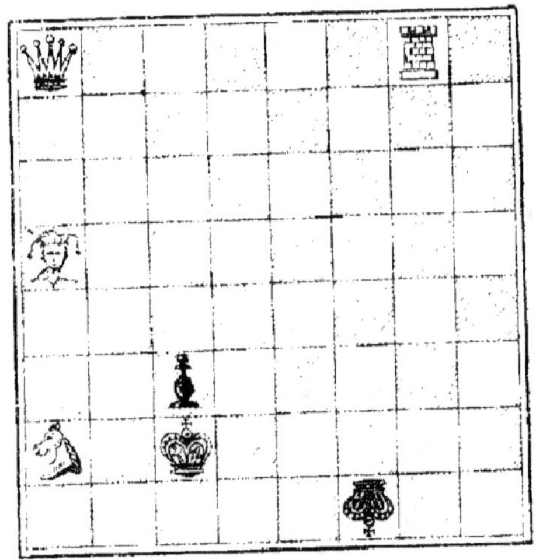

Mat inverse en 6 coups.

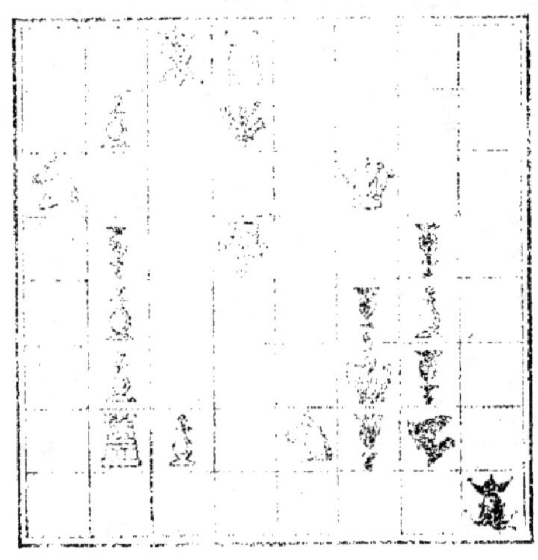

Mat inverse en 6 coups

XL

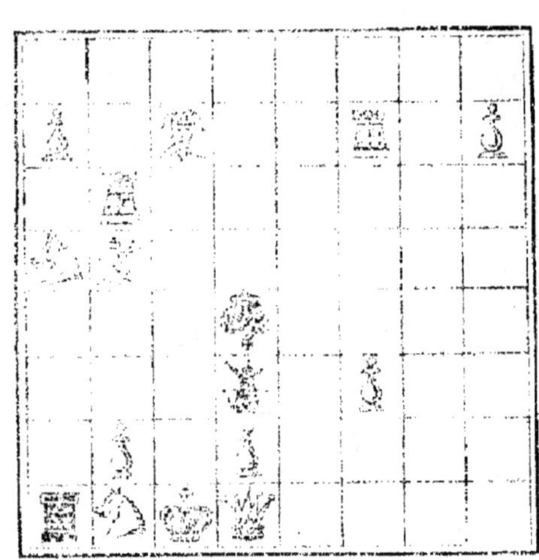

Mat inverse en 6 coups.

Mat inverse en 7 coups.

XLII

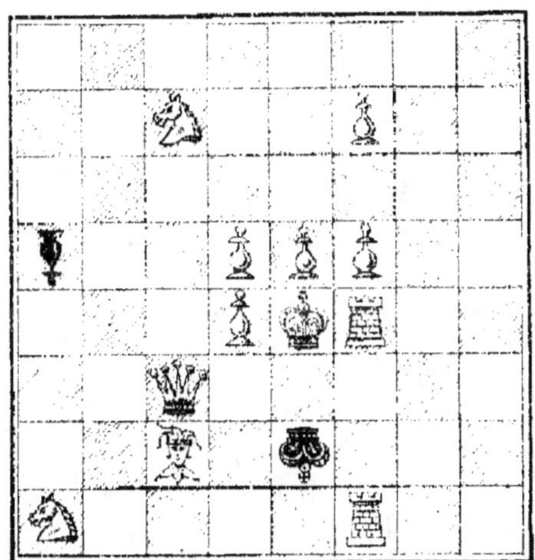

Mat inverse en 7 coups.

XLIII

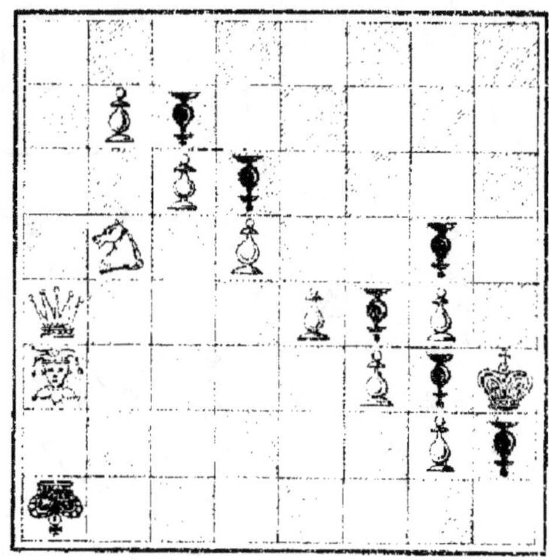

Mat inverse en 7 coups.

XLIV

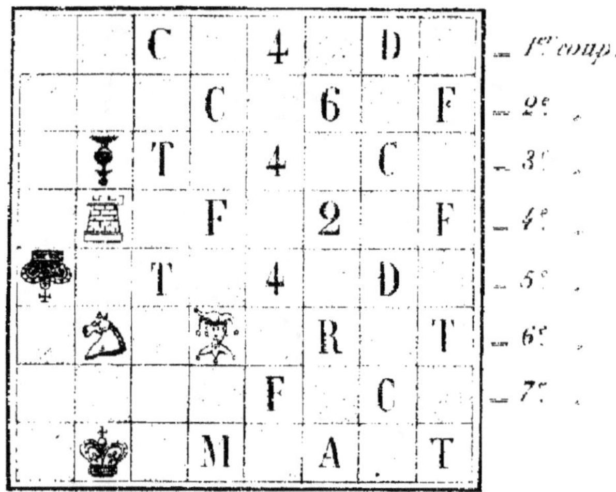

Mat inverse en 7 coups.

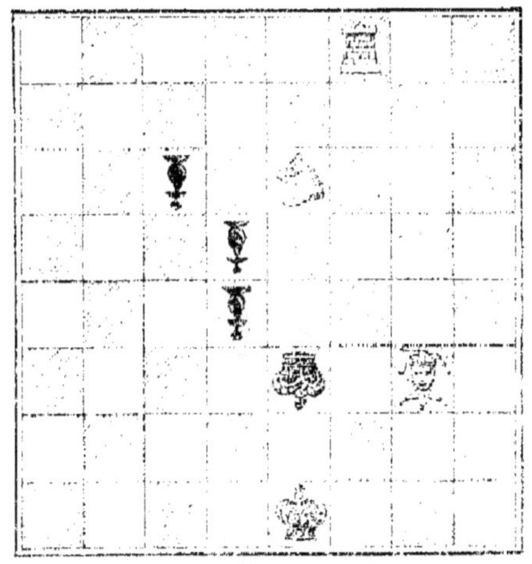

Abat inverse en 8 coups

XLVI

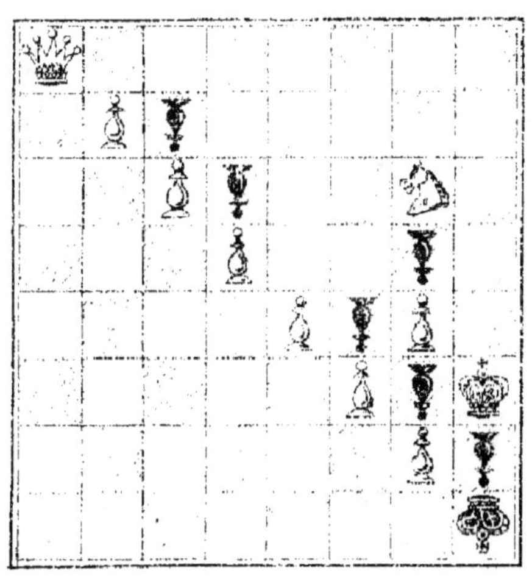

Abat inverse en 8 coups

XLVII

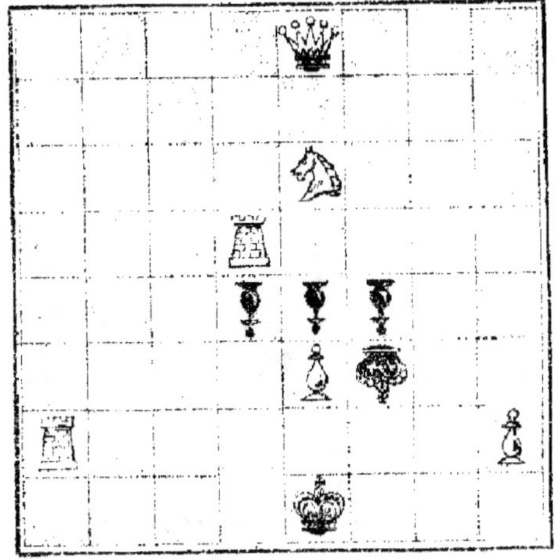

Mat inverse en 8 coups.

XLVIII

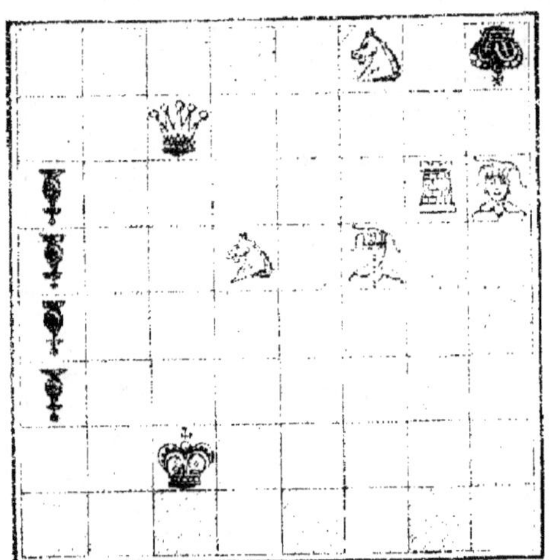

Mat inverse en 8 coups

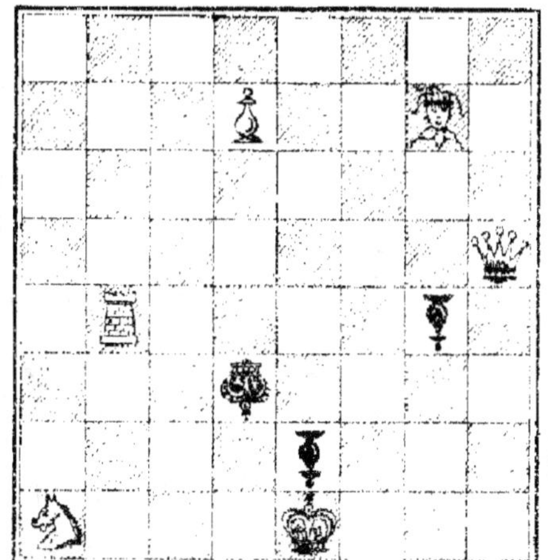

Les Blancs se font mater en 8 coups par
le P dame et en 3 coups autrement .

L

Les Blancs se font mater en 8 et en 19 coups

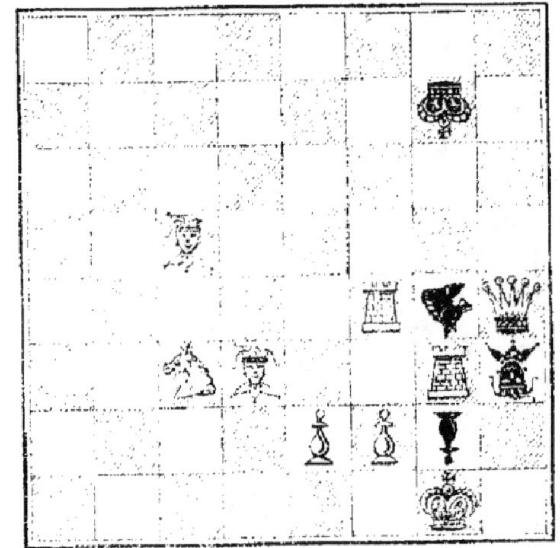

Mat inverse en 8 coups avec le Cavalier
et en 12 coups avec le Fou.

LI (bis)

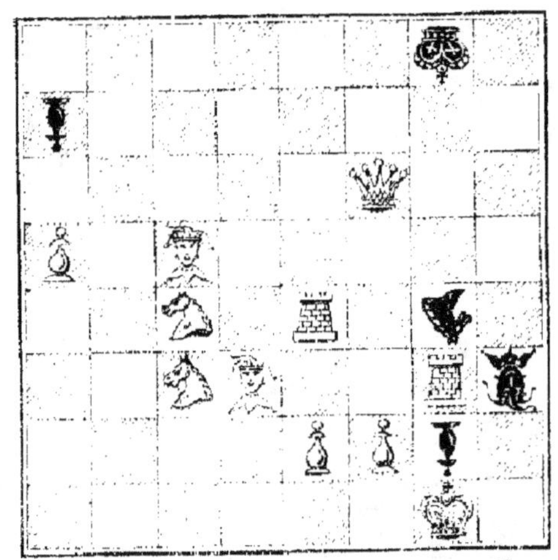

Mat inverse en 7 coups avec le Pion,
en 11 coups avec le Cavalier et en 14 coups
avec le Fou.

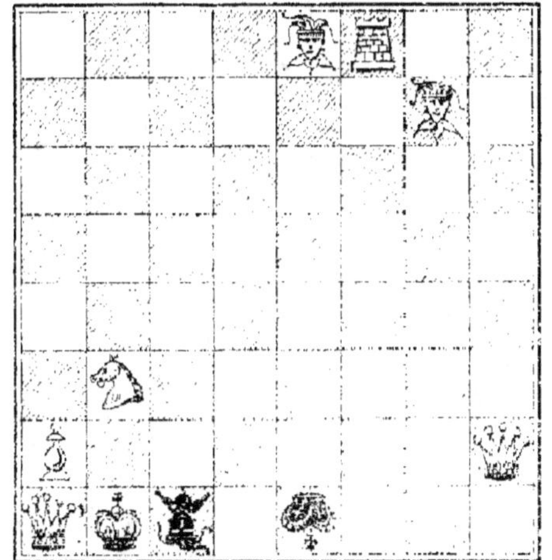

Mat inverse en 9 coups.

LIII

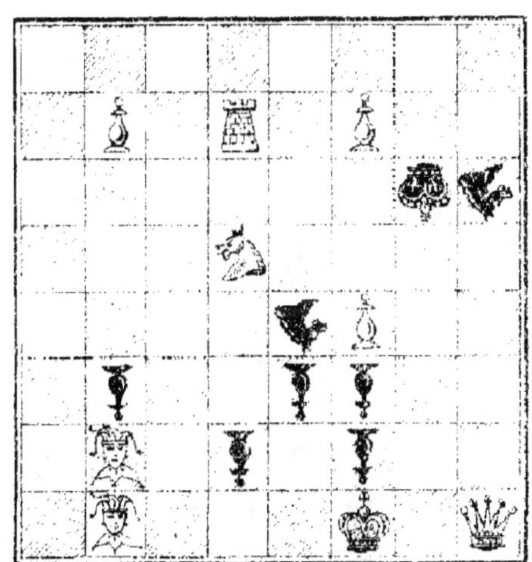

Mat inverse en 9 coups.

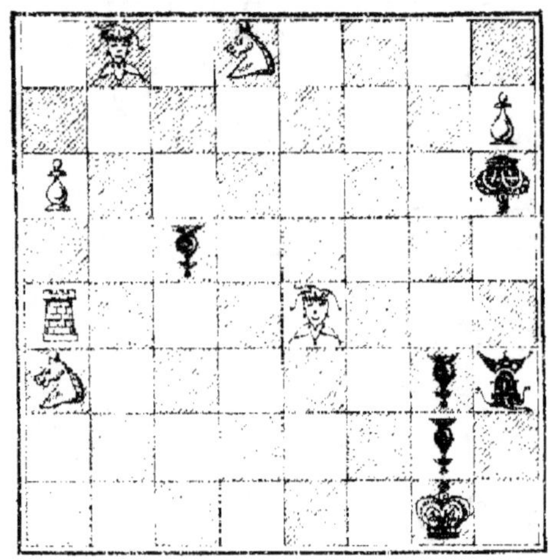

Mat inverse en 9 coups.

LV

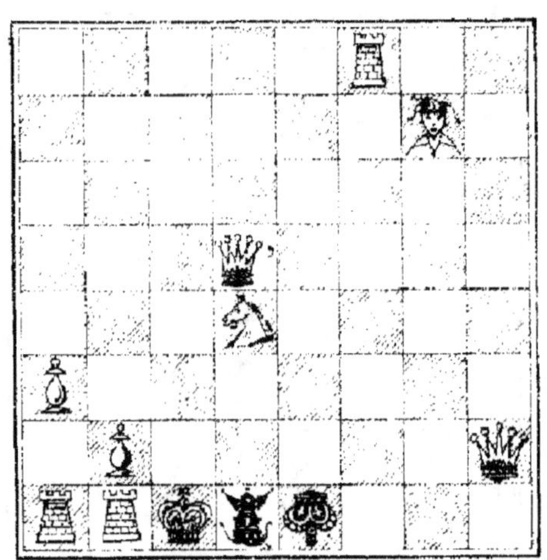

Mat inverse en 9 coups.

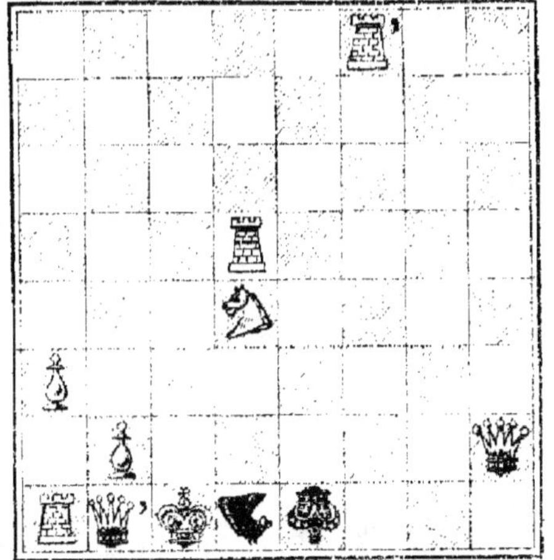

Mat inverse en 9 coups.

LVII

Mat inverse en 9 coups.

LVIII

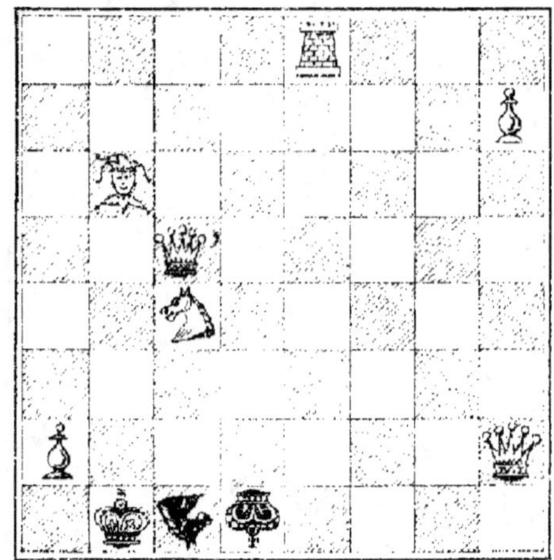

Mat inverse en 10 coups.

LIX

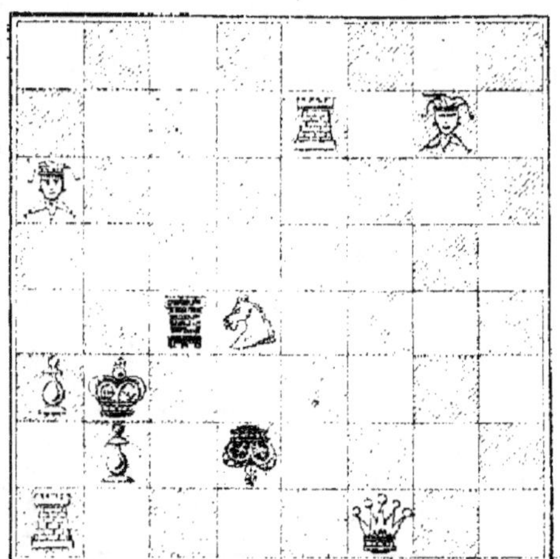

Mat inverse en 10 coups.

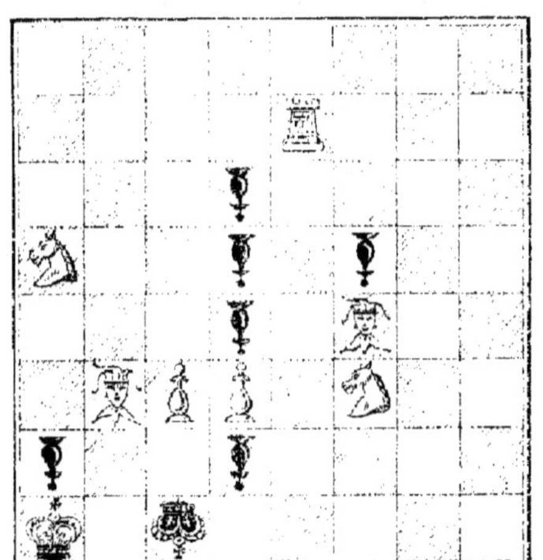

Mat inverse en 10 coups.

LXI

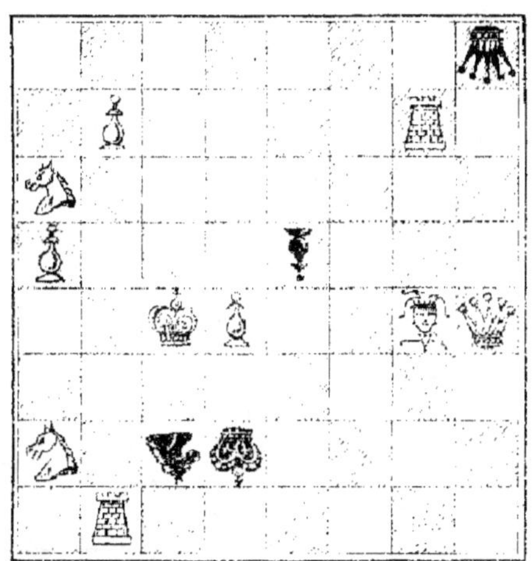

Mat inverse en 10 coups.

LXII

Mat inverse en 10 coups.

LXIII

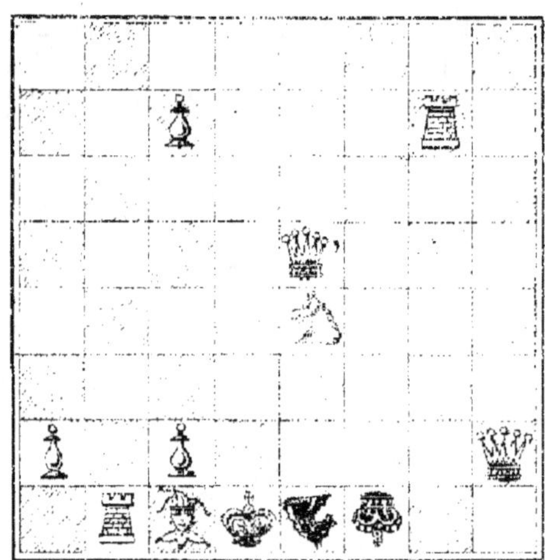

Mat inverse en 11 coups.

Mat inverse en 11 coups.

LXV

Mat inverse en 12 coups

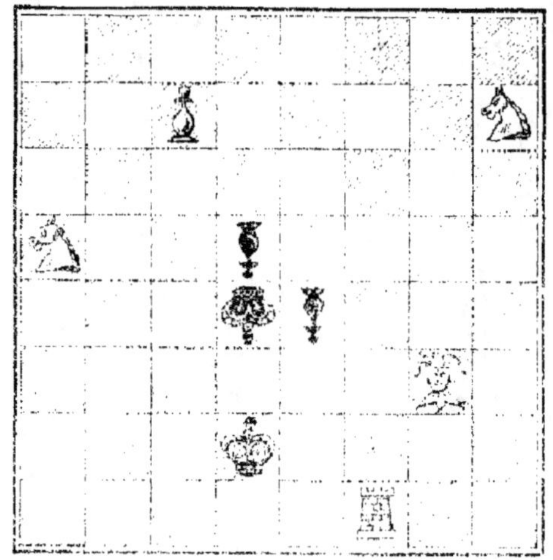

Mat inverse en 12 coups.

LXVII

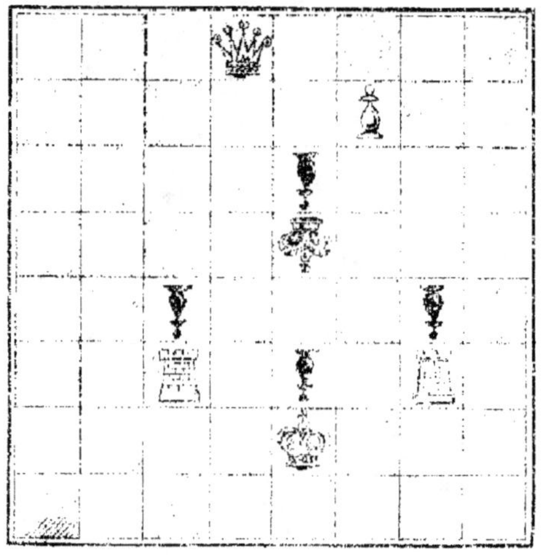

Mat inverse en 12 coups.

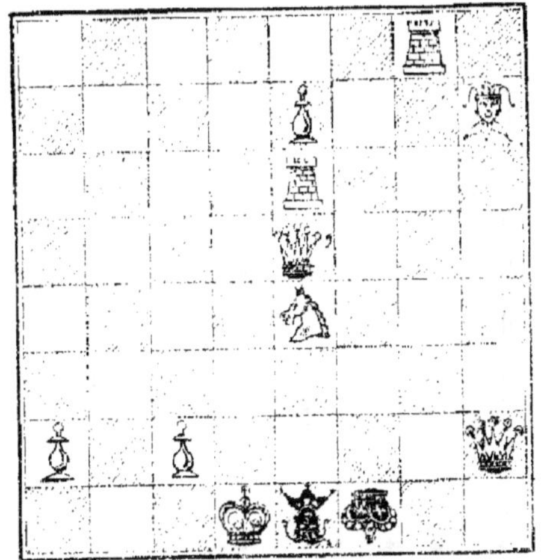

Mat inverse en 13 coups.

LXIX

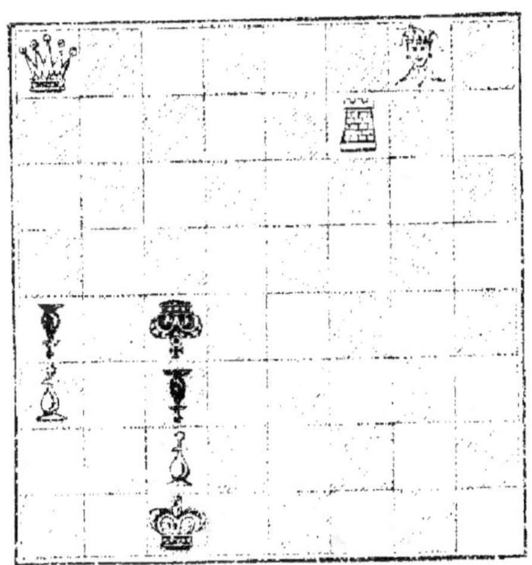

*Mat inverse en 13 coups, en 11 coups
et en 9 coups.*

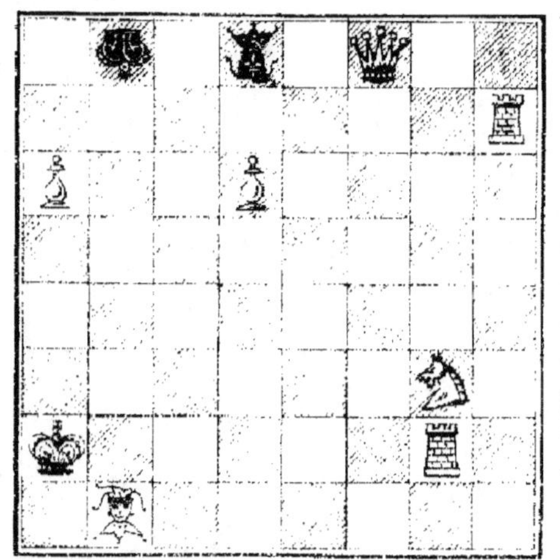

Mat inverse en 13 coups

LXXI

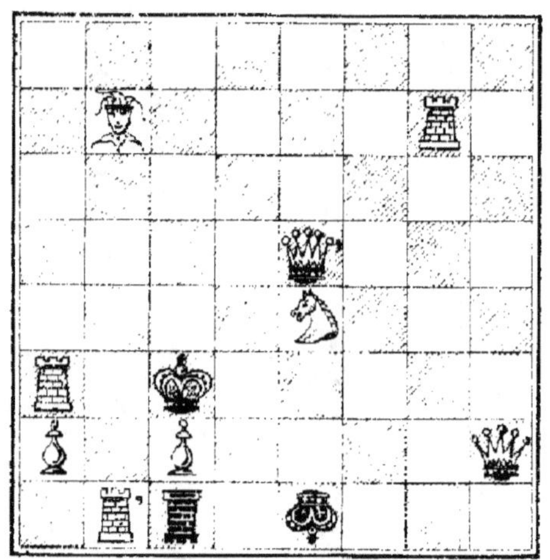

Mat inverse en 13 coups.

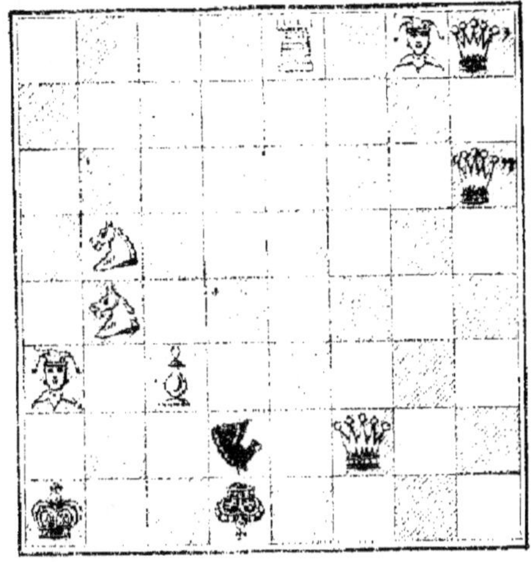

Mat inverse en 14 coups.

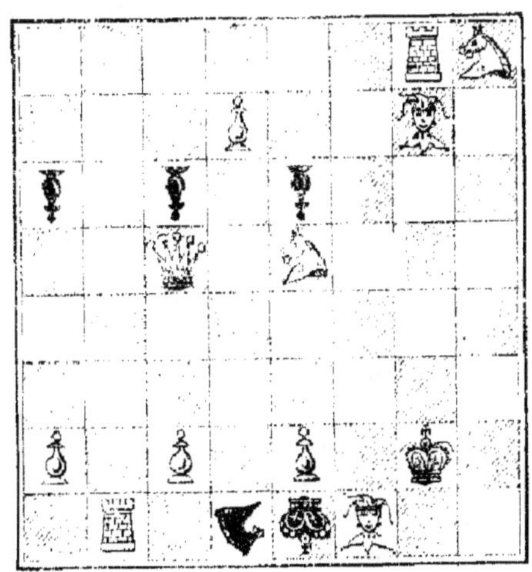

Mat inverse en 14 coups.

LXXIV

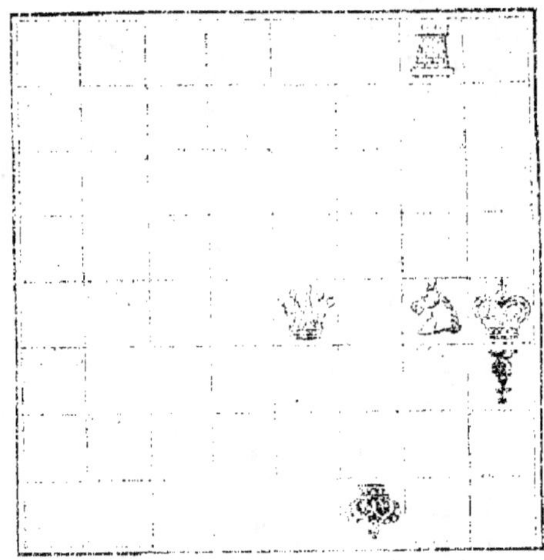

Mat inverse en 14 coups.

LXXV

Mat inverse en 14 coups.

LXXVI

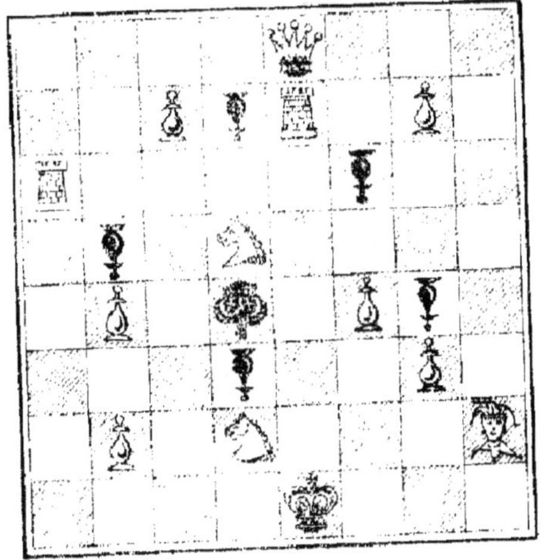

Mat inverse en 14 coups.

LXXVII

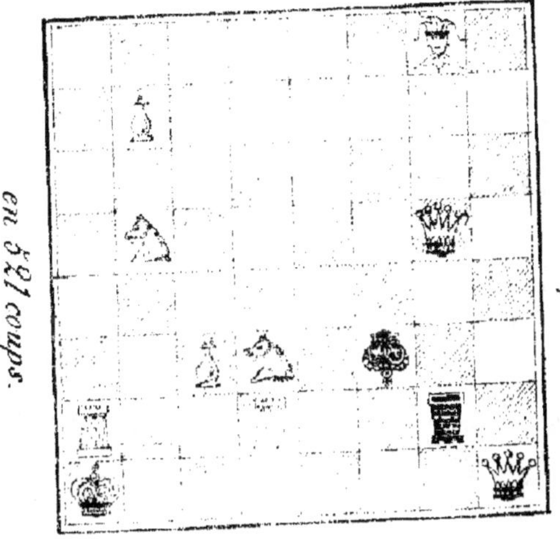

Mat inverse en 15 coups.

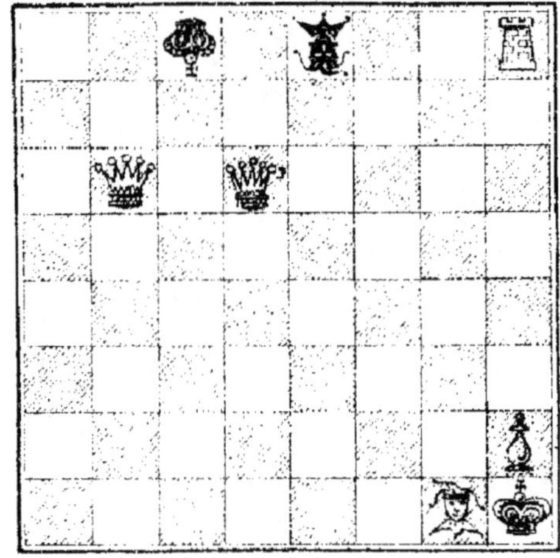

Mat inverse en 15 coups.

LXXIX

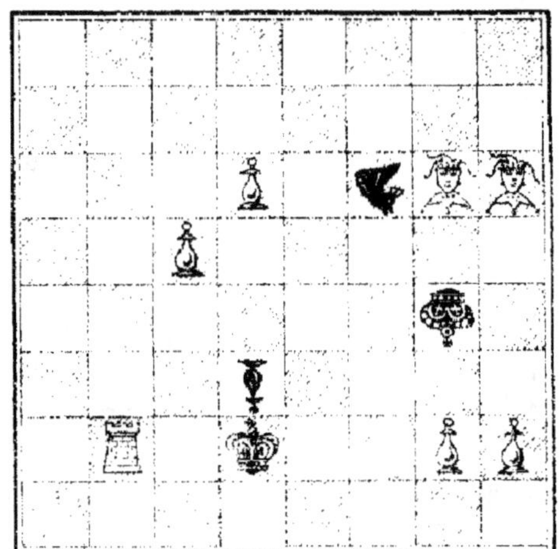

Mat inverse en 15 et 17 coups.

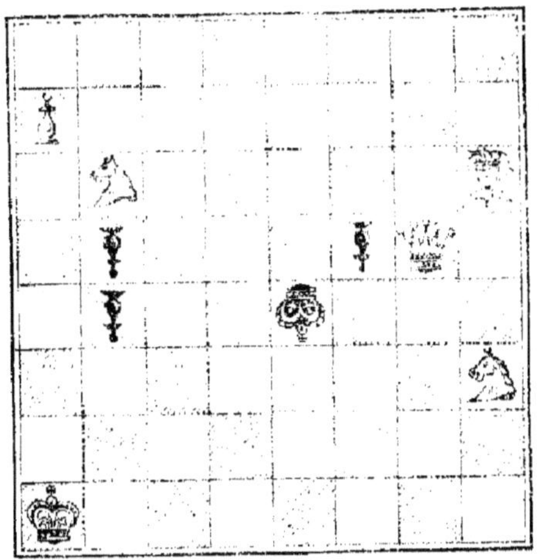

Mat inverse en 18 coups.

LXXXI

Mat inverse en 18 coups.

LXXXII

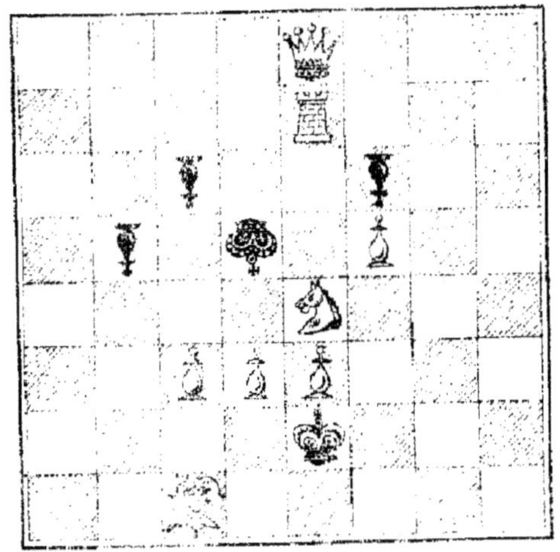

Mat inverse en 18 et 19 coups.

LXXXIII

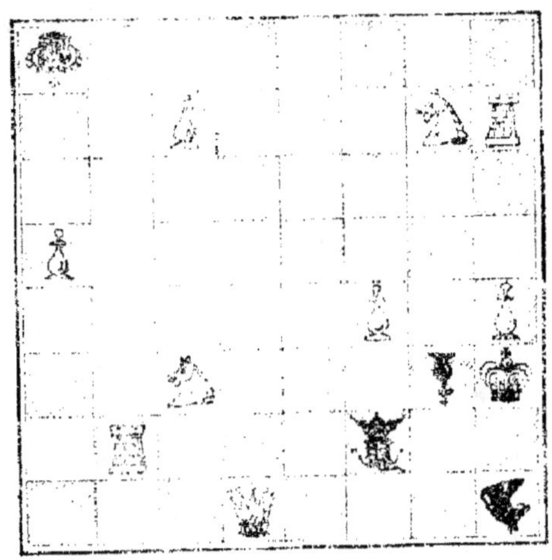

Mat inverse en 19 coups.

LXXXIV

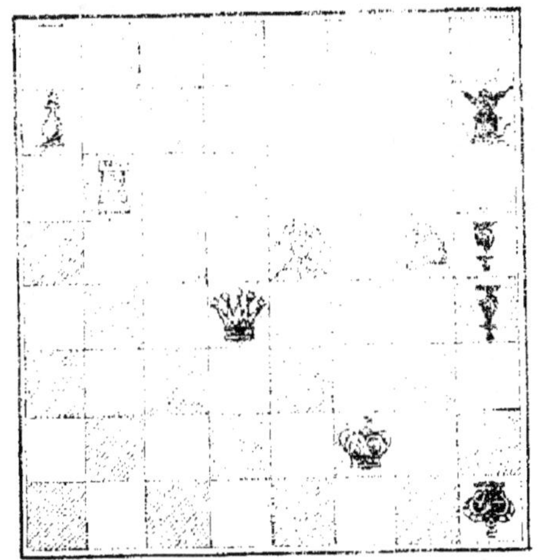

Mat inverse en 19 coups.

LXXXV

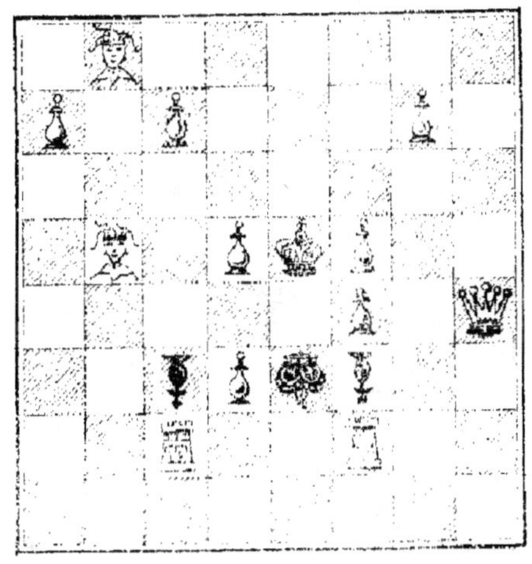

Mat inverse en 20 coups.

LXXXVI

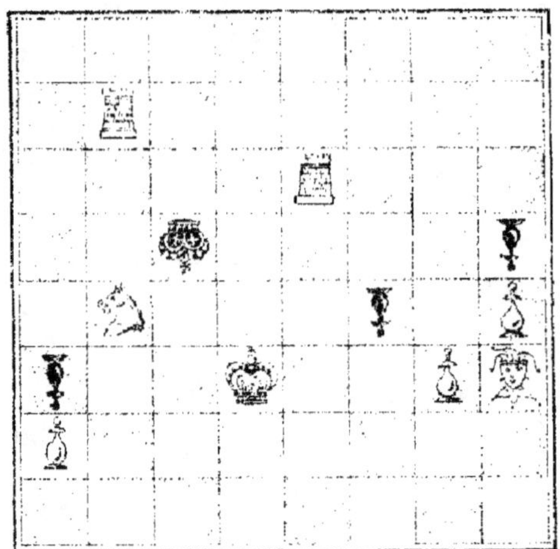

Mat inverse en 22 coups.

LXXXVII

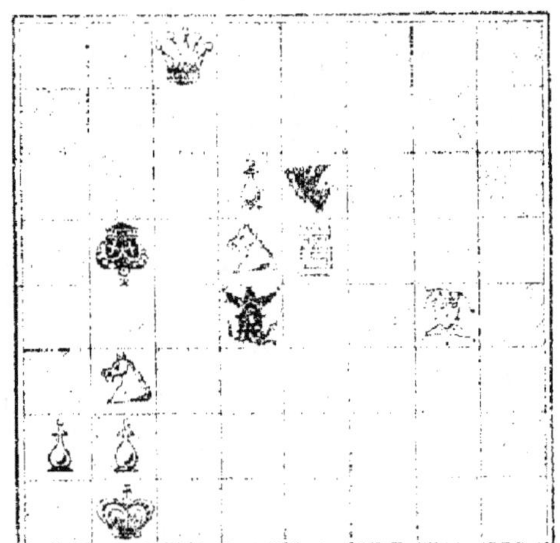

Mat inverse en 23, 19 et 15 coups.

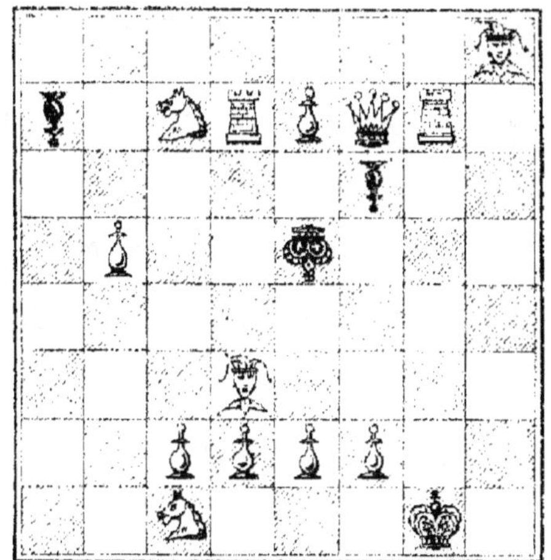

Mat inverse en 24 coups.

LXXXIX

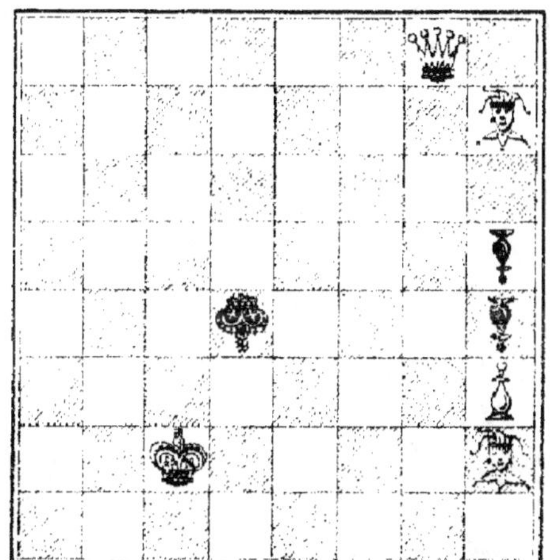

Mat inverse en 24 et 19 coups.

XC

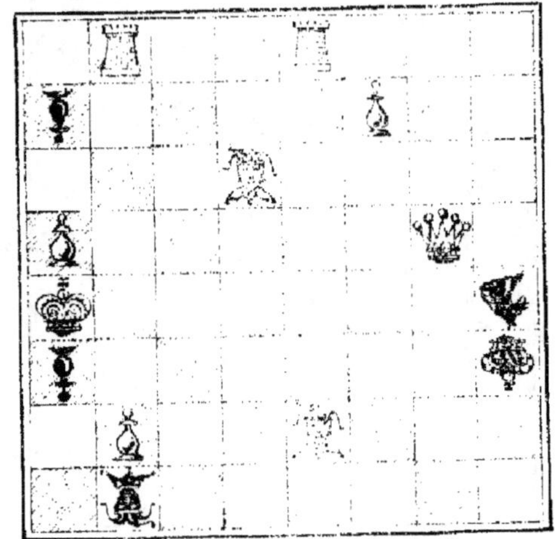

Mat inverse en 4 coups par le F
et en 28 coups par le C.

XCI

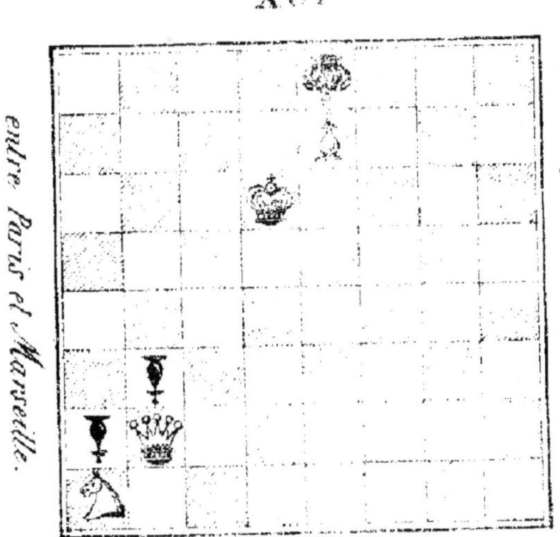

Mat inverse en 28 coups.

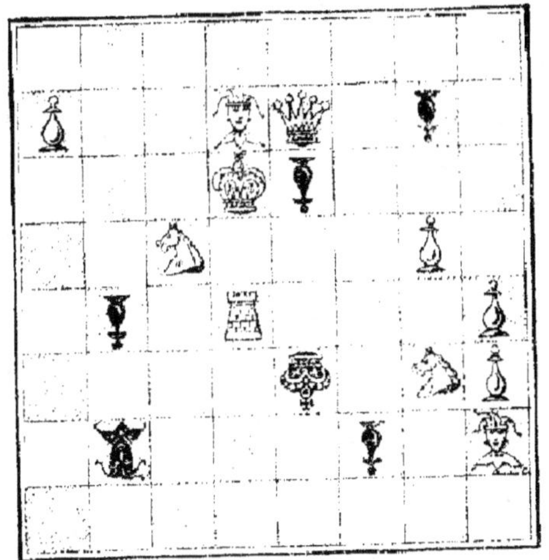

Mat inverse en 26 coups

XCIII

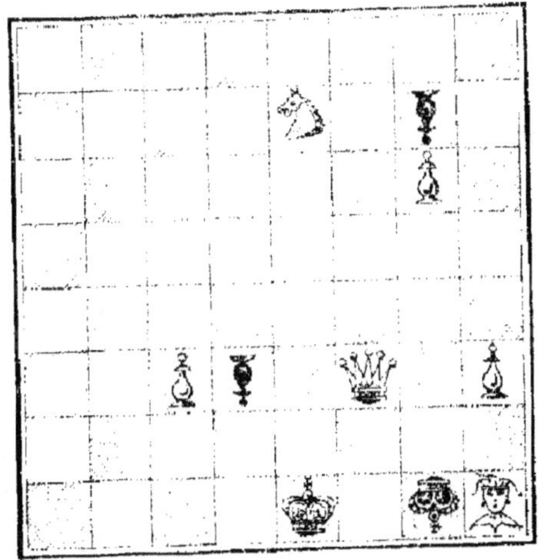

Mat inverse en 26 coups.

XCIV

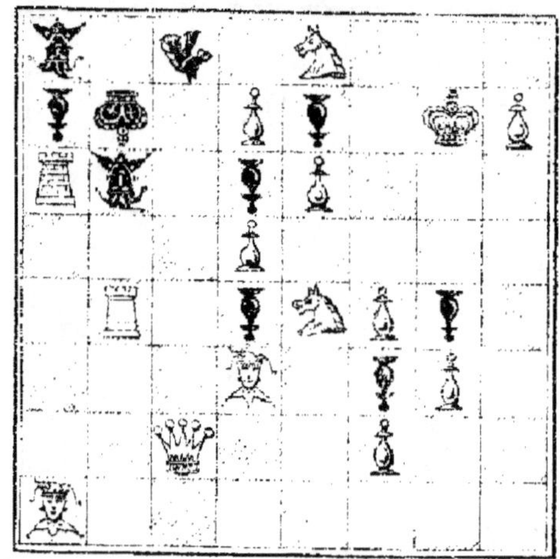

Mat inverse en 27 coups.

XCV

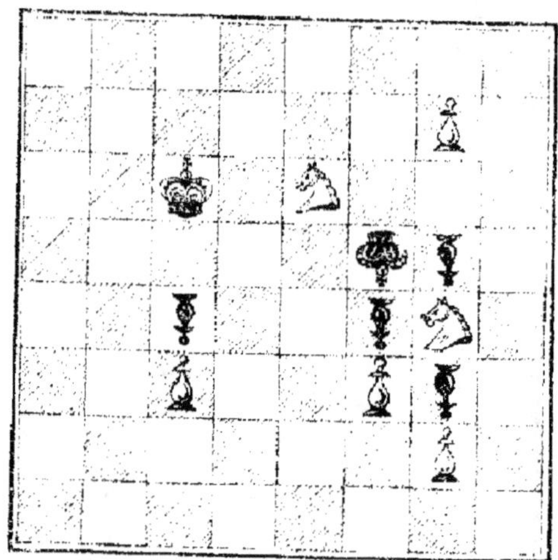

Mat inverse en 28 coups.

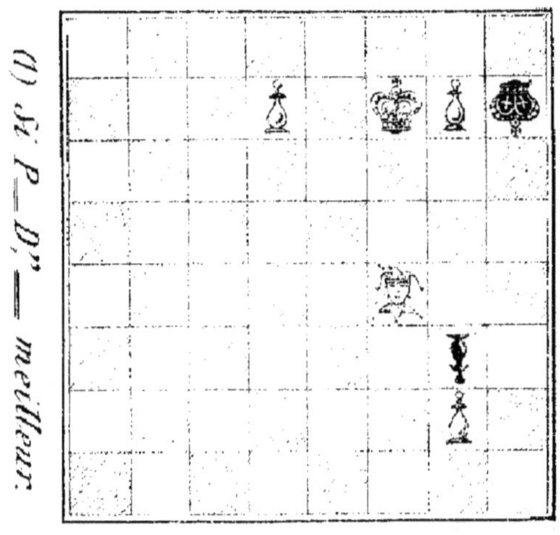

Mat inverse en 28 coups.

XCVII

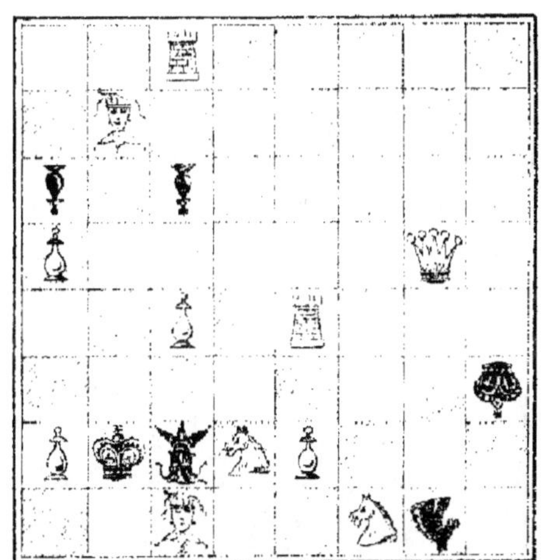

*Mat inverse en 21 coups par
le P et en 28 coups par le C.*

XCVIII

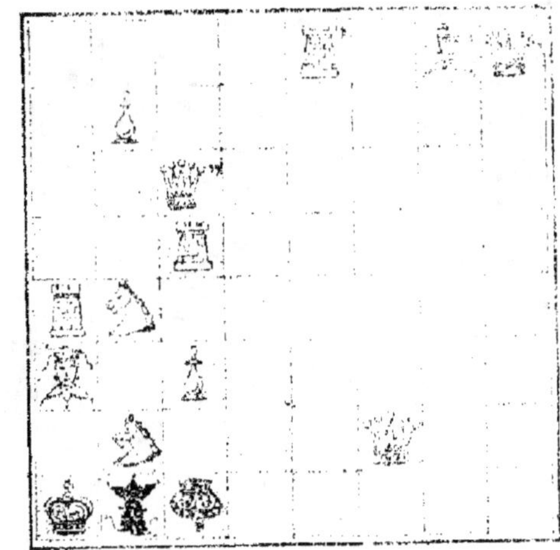

Mat inverse en 2e coup.

XCIX

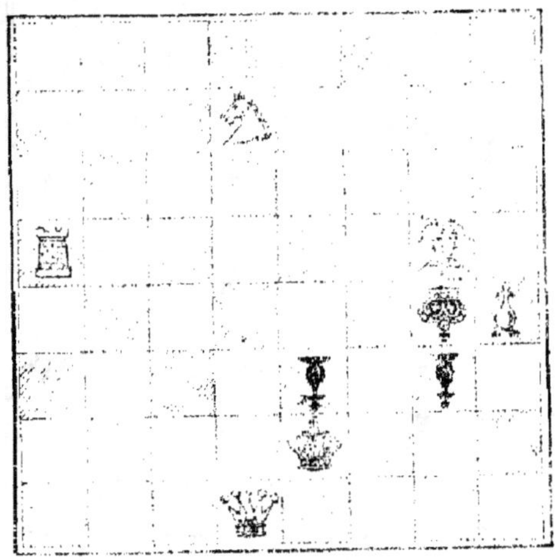

Mat inverse en 2 coups.

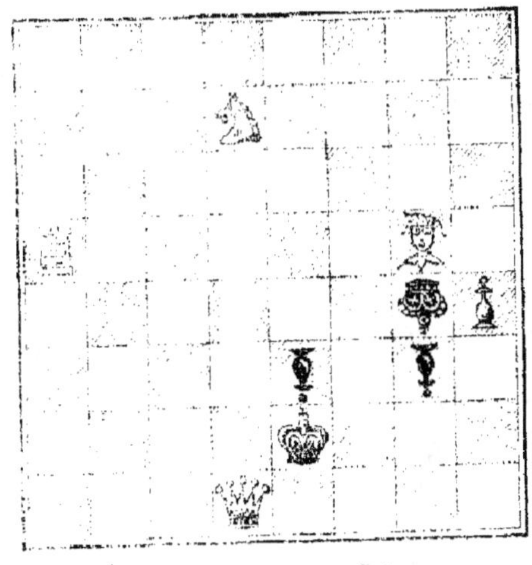

Mat inverse en 29 coups.

CI

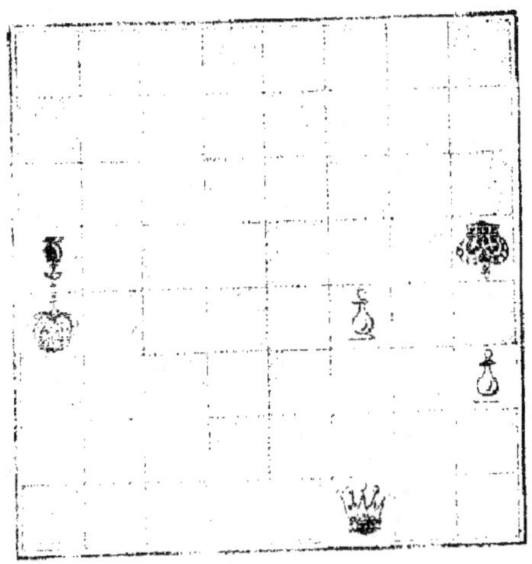

Mat inverse en 30 coups.

CII

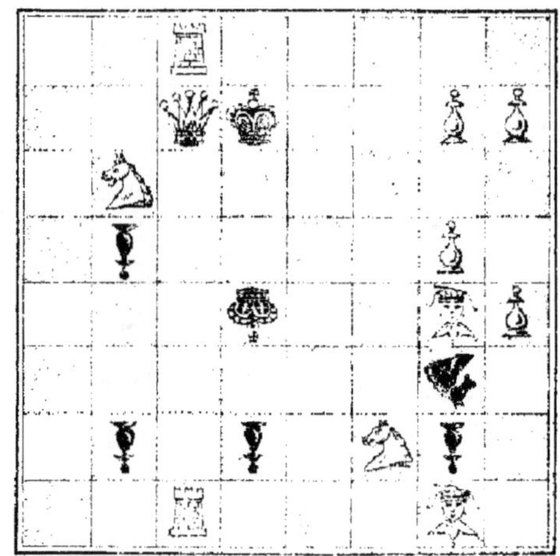

Mat inverse en 30 coups.

CIII

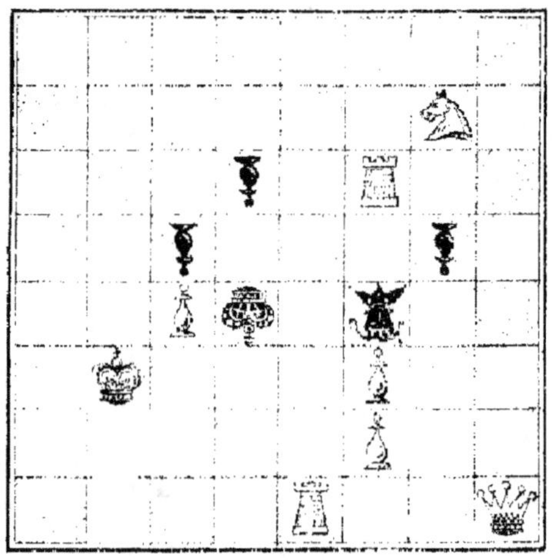

Mat inverse en 32 coups.

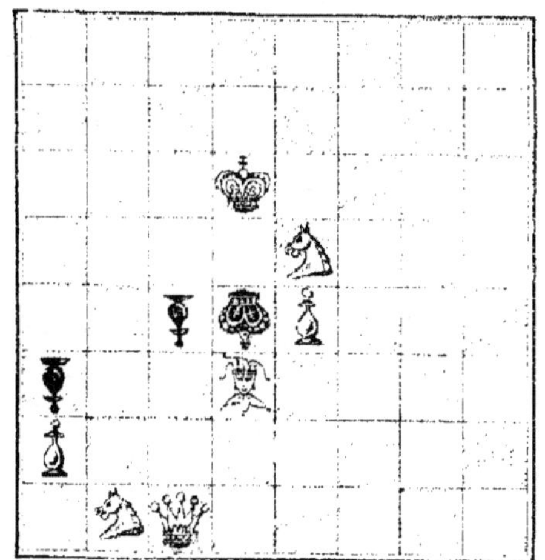

Mat inverse en 32 coups.

CV

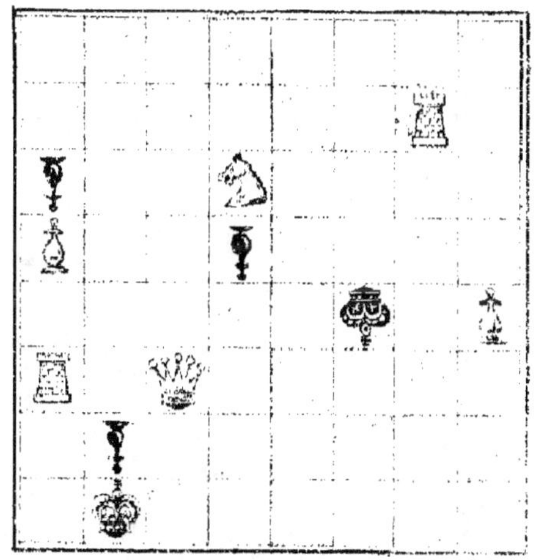

Les Blancs se font mater en 3
coups par le P dame.

CVI

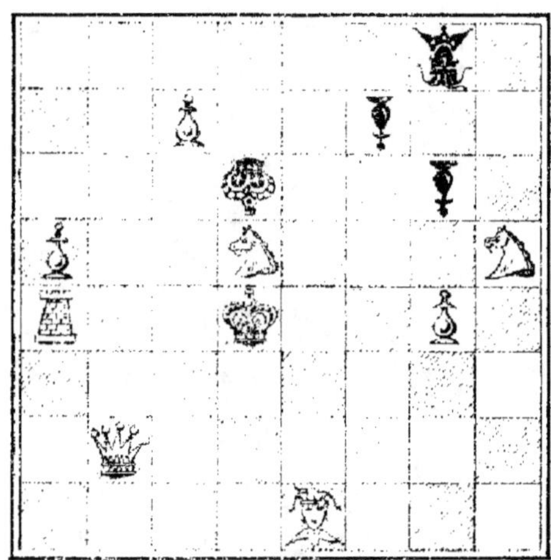

Mat inverse en 37 coups.

CVII

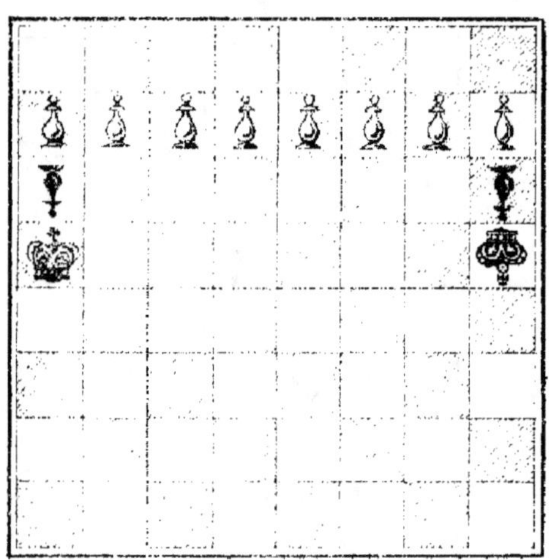

Mat inverse en 39 coups.

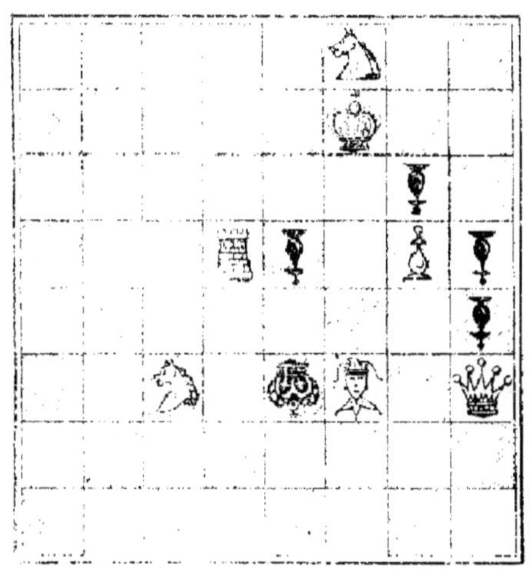

Mat inverse en 44 coups.

CIX

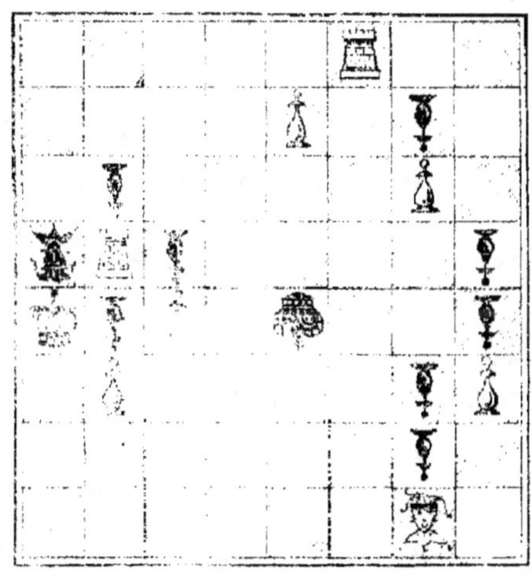

Mat inverse en 47 coups.

CX

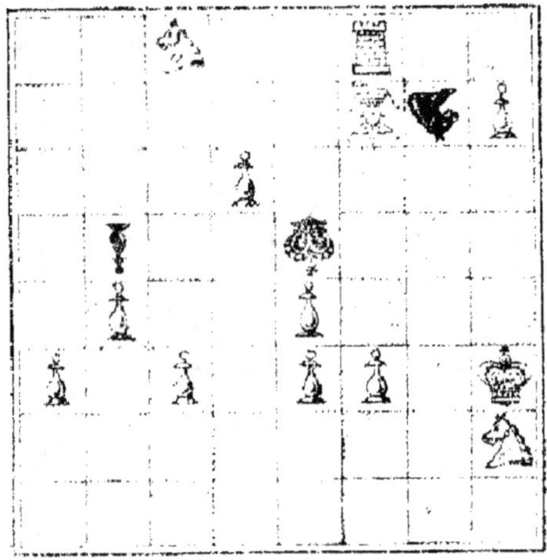

Mat inverse en 31 coups

CXI

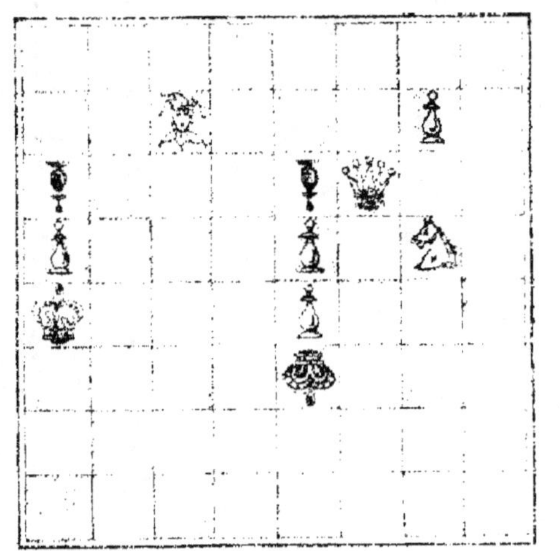

Mat inverse en 53 coups par le P. dame

CXII

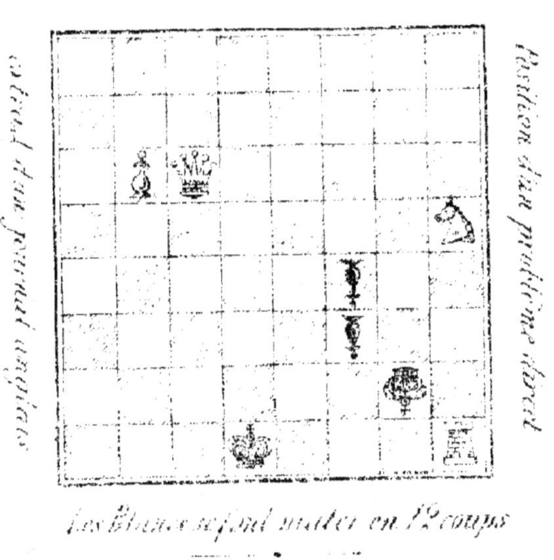

Position d'un problème direct
extrait d'un journal anglais
Les Blancs se font mater en 12 coups

CXIII

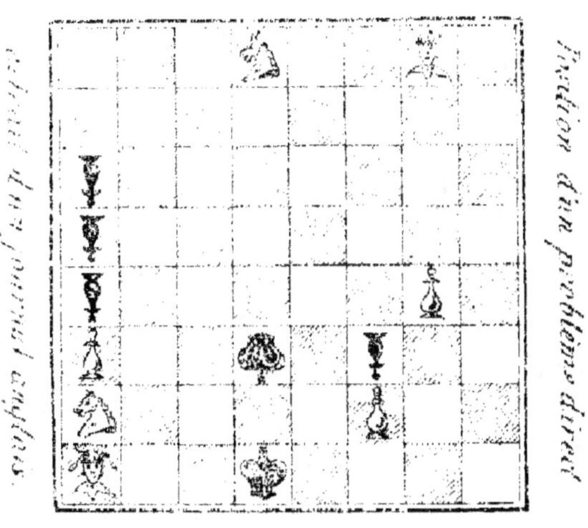

Position d'un problème direct
extrait d'un journal anglais
Les Blancs se font mater en 32 coups.

CXIV

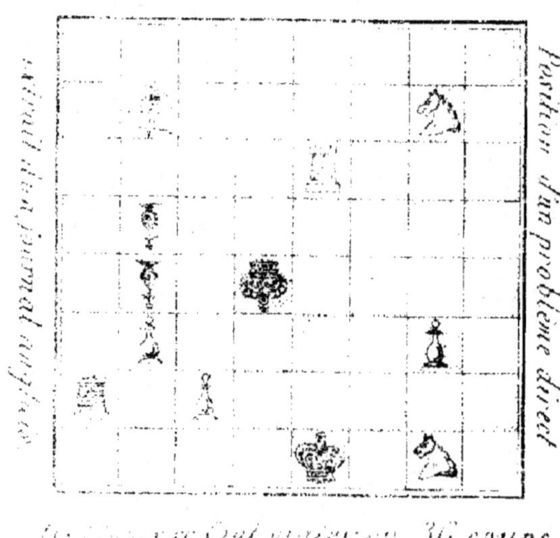

Position d'un problème direct
extrait du journal anglais
Les Blancs se font mater en 36 coups.

CXV

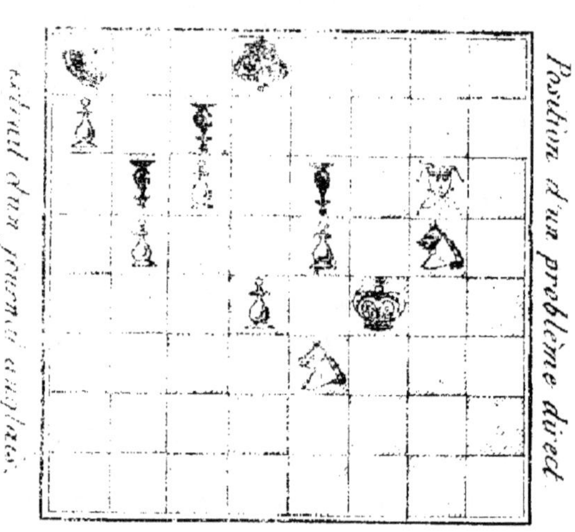

Position d'un problème direct
extrait d'un journal anglais
Les Blancs se font mater en 54 coups.

Une partie assez de … courte.

1   P. 4 FR   ;   P. ? R
2   P. 4 CR   ;   R. 2 R
3   C. 3 FD   ;   R. ? ?
4   C. 5 D   ;   R. 3 ? ?
5   C. 3 FR   ;   C. 3 TR
6   C. 4 TR   ;   Dp C…

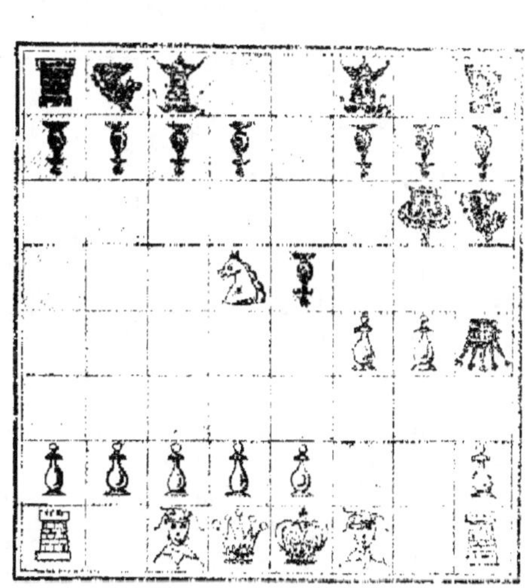

CXVII

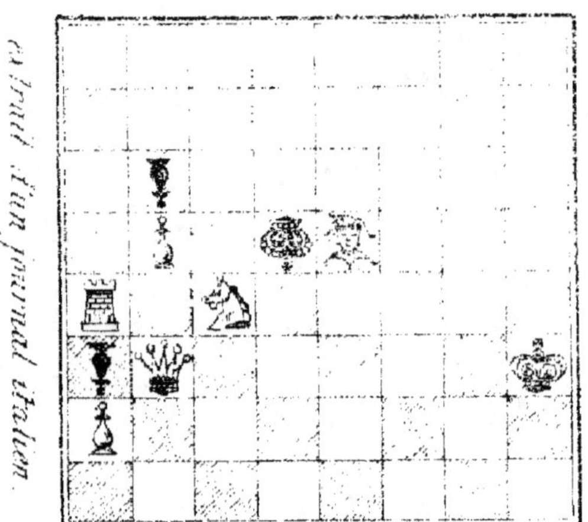

Les Blancs se font mater en 18 coups.

CXVIII

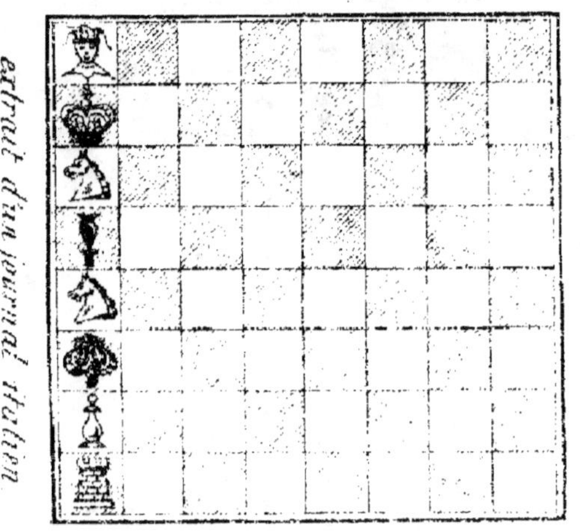

Les Blancs se font mater en 25 coups.

CXIX

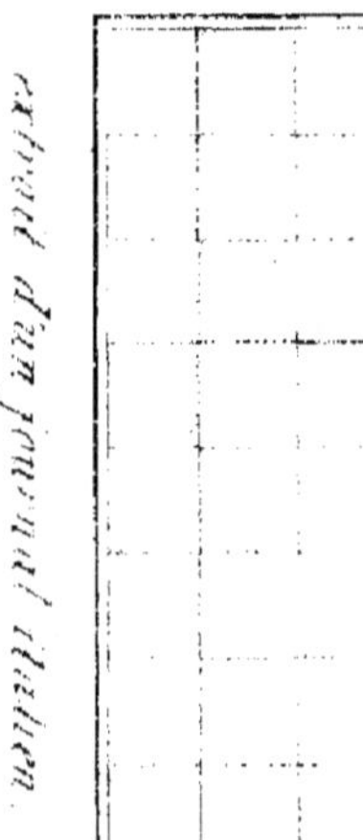

Les Blancs se font mater en 24 coups.

CXX

Les Blancs se font mater en 41 coups.

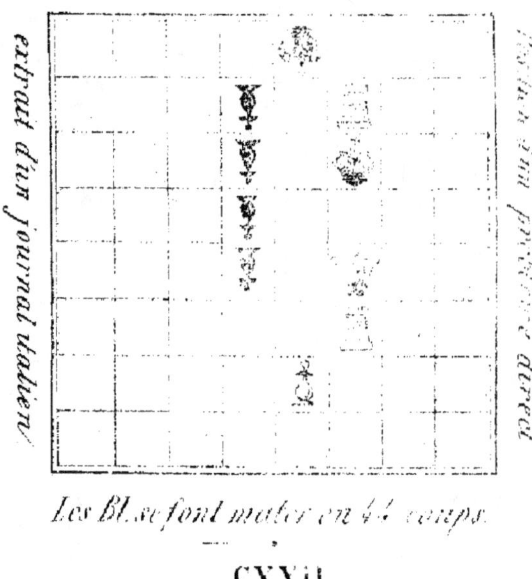

Les Bl. se font mater en 44 coups.

CXXII

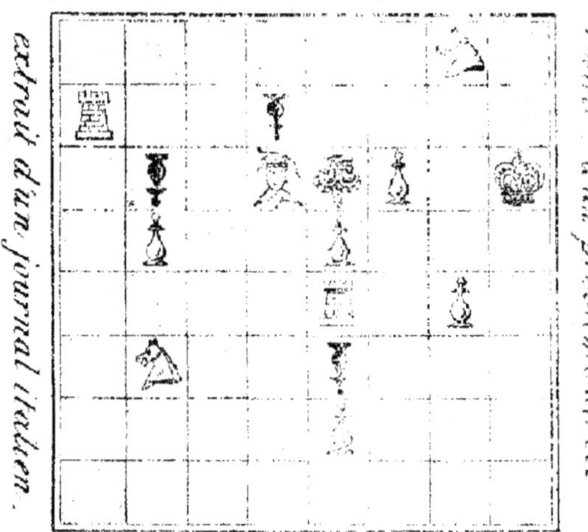

Les Bl. se font mater en 73 coups.

	1°	2°	3°	4°
1	P — D'	P — D'	P — D'	P — D'
2	T . 4D	T . 4D	D'. 7D	T . 1D
3	D'. 7D	Rpr PT	Dpr PD	Rpr PT
4	Dpr PT	Rpr P	Rpr PT	Rpr P
5	Dpr PT	R . 7C	D'. 4R	R . 7C
6	R . 4C	Fpr P	D'. 7R	Fpr P
7	D'. 7T	F . 5C	D'pr PT	F . 5C
8	R . 3F	R . 8F	D'. 7CR	R . 8F
9	R . 2F	R . 8R	F . 7FD	R . 8R
10	R . 1F	F . 4F	T . 4D	F . 4F
11	D'. 7D	D . 6R	D . 8C	D'. 6R
12	F . 3D	R . 8D	Tpr P	Fpr P

13	F . 7 FD	R . 8 F	R . 7 C	F . 2 FD
14	Fpr PFD	T . 5 R	T . 8 F	F . 7 F
15	D'. 7 FR	T . 4 FR	R . 7 F	T . 3 T
16	Tpr P	F . 6 D	D'. 4 C	D'. 5 FR
17	T . 2 D	Ppr P	R . 8 R	F . 8 D
18	P joue	P joue	R . 8 D	P joue
19	F . 3 CR	F . 8 CD	R . 8 F	P .
20	P joue	P joue	T . 8 R	P .
21	P .	P .	T . 8 D	P .
22	P .	P — F	F . 8 C	T . 7 T
23	T . 2 CR	T . 4 T	D'. 7 C	D'pr P!
24	P — C	F'. 7 FD	D'pr PC!	
25	F . 2 FD	D'. 6 C		

26	D'. 4 T	F . 4 R
27	F . 1 R	T . 7 T
28	C'. 6 D	T . 8 T
29	D'. 7 R	F . 6 FD!
30	T . 1 C	
31	C'. 7 F	
32	C'. 8 T	
33	D . 6 R	
34	C'. 6 C	
35	Fpr P!	
36	D . 2 R!	

On peut encore se faire mater ainsi:

N°		N°		N°	
1	P = D'	12	D . 7 D	23	R . 4 T
2	T . 4 D	13	T . 1 FR	24	R . 3 T
3	R pr P'T	14	P joue	25	R . 2 T
4	R pr P	15	P „	26	R . 1 T
5	D . 7 D	16	R . 6 C	27	F . 4 F
6	T . 4 CR	17	P joue	28	F . 3 C
7	D pr PD	18	P „	29	F . 2 T
8	D . 7 D	19	P = C'	30	D . 7 R
9	T . 4 FR	20	C' . 6 D	31	C' . 6 T
10	D . 4 D	21	C' . 5 FR	32	D pr P!
11	F . 5 C	22	R . 5 T		F mate.

Il y a évidemment d'autres manières de faire mater par le F: le P peut aussi mater: Nous ne donnerons qu'une manière.

1	P — D		11	F . 3T		21	T . 2FR
2	T . 4D		12	F . 4F		22	F . 3D
3	D . 7D		13	T pr P		23	D . 6TR
4	R . 4C		14	D . 7R		24	F . 5R
5	F . 7R		15	T . 8b		25	D . 6C
6	R . 3T		16	T . 3TR		26	P . 4R
7	R : 2T		17	F . 1FR		27	D . 6TR
8	R . 1T		18	D . 7CR		28	F . 4D
9	F . 3T		19	T . 8b		29 {	T . 2CR!
10	F . 6T		20	T . 2D			r'mate.

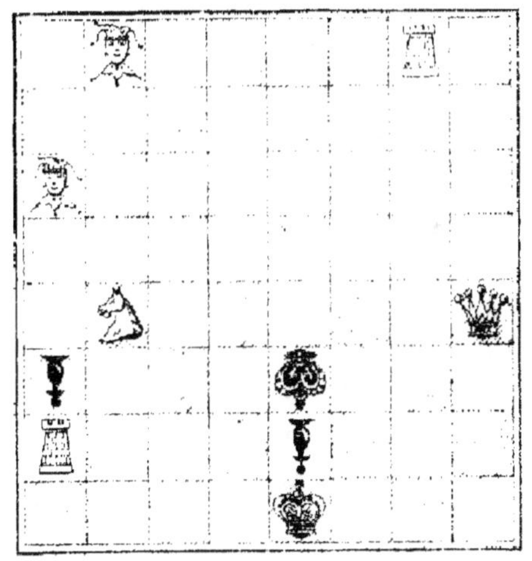

Mat inverse en 11 coups.

CXXIV (bis)

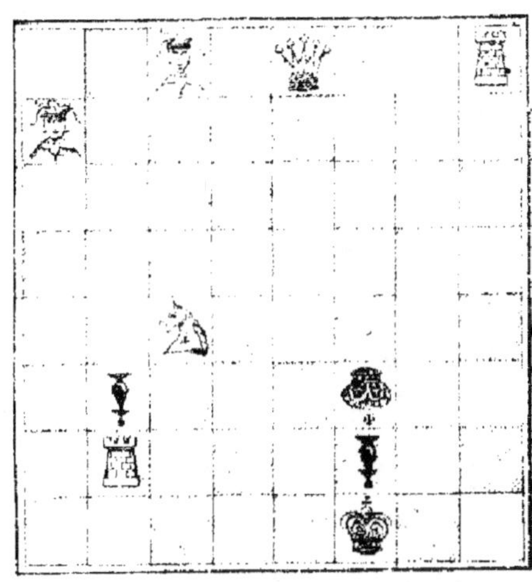

Mat inverse en 7 coups.

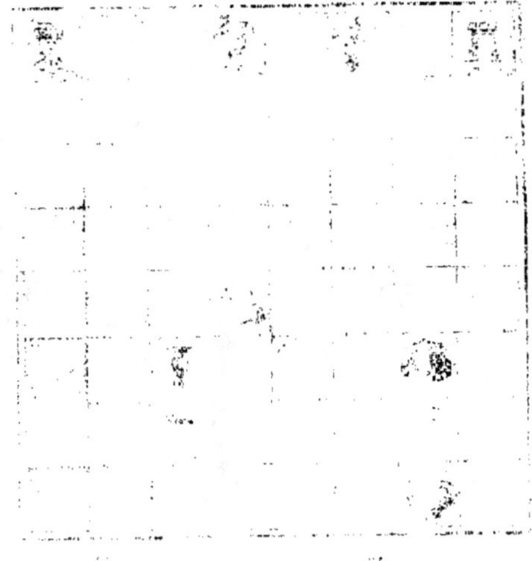

Partie d'échecs inverse (à qui perd gagne)
jouée par correspondance entre Paris et
Marseille, du 1er Mars au 8 Novembre 1879.
(Les 2 joueurs ont les pièces d'une même
couleur: ce qui peut se démontrer en jouant
avec 2 échiquiers.)

1ᵉʳ Joueur (Paris)	2ᵉ Joueur (Marseille)
(Sans les Tours)	(avec les 16 pièces)

	1ᵉʳ Joueur	2ᵉ Joueur
1	P . 4 R	P . 4 TD
2	P . 3 CD	P . 4 CR
3	P . 4 D	P . 3 FR
4	FR . 5 CD	P . 3 FD
5	FR . 4 FD	P . 4 CD
6	FR . 3 D	P . 5 CD
7	D . 4 CR	P . 4 TR
8	D . 3 TR	P . 4 D
9	D . 3 R	P . 5 TR

18 P . [illegible] TR ; CR . 2 D

19 P . 4 TR ; Dpr [illegible]R

20 [illegible]pr TTR ; [illegible] TR

21 D . 4 CR ; TRpr F[illegible]

22 D . [illegible] TR ; P . 4 TR

23 Dpr CR ; CD . [illegible] FR

24 TRpr TR ; TRbpr F[illegible]D

25 TR . 6 CD ; FD . 2 D

26 [illegible] FD ; FDpr TR

27 Dpr FD ; F . 2 TR

28 F . [illegible] FD ; Dpr TFD

29 D . 4 FD ; D . 2 CR

30 Dpr FFD ; F . 4 CR

31 CR . 3 FR ; CD . 3 R

32 F . 3 TR ; F . 2 FD

33 D . 4 FD ; Dpr D

34 Dpr D ; CR . 4 TR

35 CR . 3 FD ; FD . 1 CD

36 CD . 6 CD ; FDpr FD

37 Dpr FD ; C . 2 FD

38 P . 4 FD ; C . 4 D

31	C . 1 CR	;	T . 1 FD
32	C . 2 R	;	T . 5 FD
33	R . 2 FR	;	Tpr PTD
34	R . 3 FR	;	T . 5 CD
35	R . 4 R	;	Tpr PCD
36	P . 3 CR	;	P . 3 R
37	P . 4 CR	;	P . 5 TD
38	R . 3 D	;	P . 6 TD
39	R . 4 FD	;	T . 5 CD
40	R . 5 FD	;	T . 8 CD
41	R . 6 D	;	R . 2 FR
42	R . 5 FD	;	P . 7 TD
43	R . 4 FD	;	P = D'
44	R . 3 D	;	C . 5 FR
45	Cpr C	;	Fpr C
46	R . 4 R	;	F . 3 D
47	P . 5 D	;	P . 4 R
48	R . 5 FR	;	T . 8 CR
49	R . 4 R	;	D' . 8 FD
50	R . 3 FR	;	D' . 8 R
51	P . 5 CR	;	P . 4 FR

52	P . 6 CR	;	R . 1 CR
53	P . 7 CR	;	P . 8 TR
54	R . 2 CR	;	P . 5 FR
55	R . 3 FR	;	P . 7 TR
56	R . 4 CR	;	D . 5 R
57	R pr PT	;	R pr PC
58	R . 4 CR	;	R . 1 TR
59	P . 4 TR	;	P . 6 FR
60	R . 5 CR	;	D'. 5 FR
61	R . 5 T	;	P . 7 FR
62	R . 6 CR	;	P— C (1)
63	P . 5 T	;	D . 7 FR
64	P . 6 T	;	P . 5 R
65	P . 7 T	;	P . 6 R
66	R . 5 C	;	P . 7 R
67	R . 6 C	;	P— C"
68	R . 5 C	;	D . 5 FR

(1) Si P— F' le Mat est au 86.e
coup par le C (m)

Position après le 68.º coup du 1.ᵉʳ Joueur.

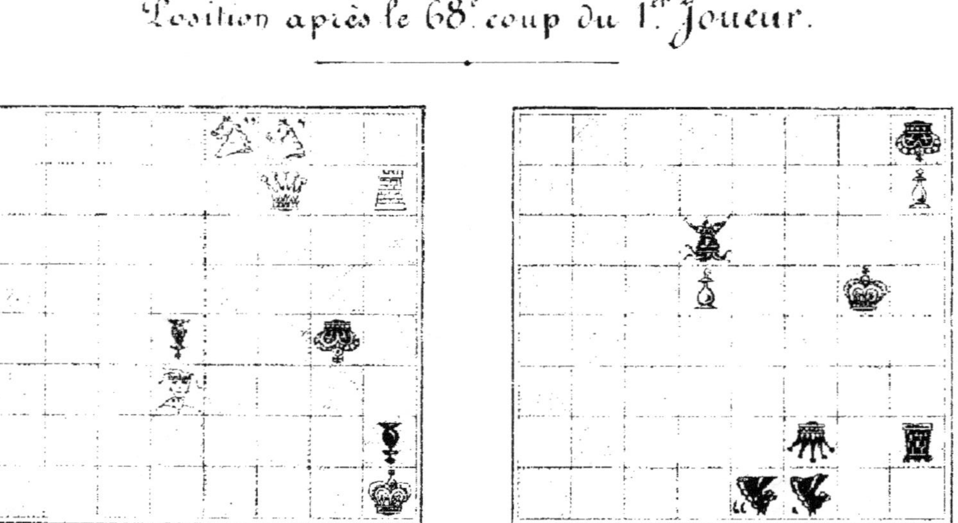

69 R . 6 C   ;   F . 2 R
70 F . 6 D   ;   F . 1 D
71 F . 7 D   ;   T . 7 D
72 R . 5 T   ;   C . 6 R
73 R . 6 C   ;   C . 5 FD
74 R . 5 T   ;   C . 3 D
75 R . 6 C   ;   C" . 7 CR
76 R . 5 T   ;   T . 4 D
77 R . 6 C   ;   D . 5 D
78 R . 6 T   ;   D . 6 FD
79 R . 6 C   ;   C . 5 FR
80 R . 6 T   ;   F . 2 R
81 F = x = F'(m); F . 4 CR
82 F pr F   ;   D . 3 FR
83 F pr D et mate.

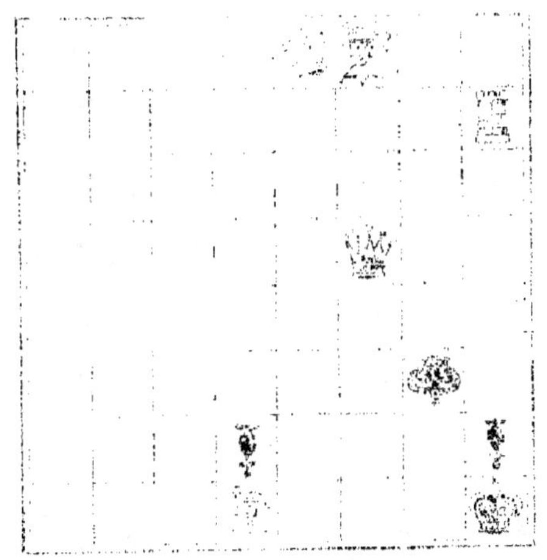

71 . . . . ; T . 7 FR
72 R . 5 T   ; C'. 7 FD
73 R . 6 C   ; C'. 6 TD
74 R . 5 T   ; C'. 4 CD
75 R . 6 C   ; C'. 3 D
76 R . 5 T   ; F'. 7 R
77 R . 6 C   ; D . 4 R
78 R . 6 T   ; T . 7 TR
79 R . 6 C   ; F'. 4 TR
80 R . 6 T   ; F . 2 R
81 P = C'(m)   ; F'. 6 FR
82 R . 6 C   ; T . 7 CR
83 R . 6 T   ; T . 3 CR
84 R pr T   ; F . 5 R
85 R . 6 T   ; C . 2 FR
86 C pr   C' et mate.

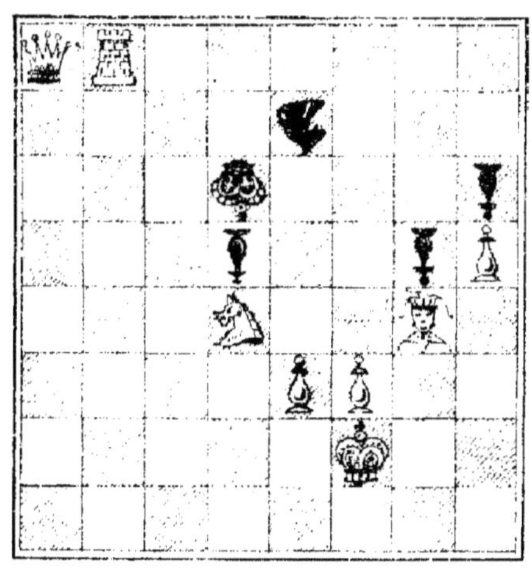

Position après le 44e coup du 1er Joueur.

44	....	;	D. 3 TD
45	R. 2 FD	;	D. 7 TD
46	R. 3 D	;	T. 8 D
47	R. 4 R	;	D. 7 FD
48	R. 3 IR	;	P. E D
49	R. 2 CR	;	C. 6 R
50	R. 2 FR	;	D. 7 D
51	P. 5 D	;	P. 4 R
52	P. 6 D	;	P. 5 R

53 R . 7 D ; D'pr FD

54 C . 4 D ; T . 8 FR

55 R . 2 R ; D' . 3 D

56 C . 6 R ; D . 3 TD

57 R . 2 D ; T . 8 D

58 R . 5 CD ; D' . 8 TD

59 R . 8 CD ; T . 6 D

60 R . 4 CD ; D' . 6 TD

61 R . [illegible] CD ; T . 4 D

62 R . [illegible] CD ; [illegible] . 5 FD

63 R . [illegible] CD ; T . 4 CD

64 [illegible] FD ; T . 3 CD

65 [illegible] FD ; D' . 2 [illegible]

66 [illegible] FD ; T . 3 FD

67 R . 2 D ; T . 3 D

68 R . 8 FD ; D' . 2 D

69 R . 5 CD ; T . 3 CD

70 R . 8 FD ; D' . 3 FD

71 R . 7 TD ; T . 2 CD

72 R . 8 TD ; T . 2 R

73 R . 6 CD ; D' . 1 R

74	C 8 D	;	R . 2 CR
75	R joue	;	P . 6 R
76	R ,,	;	F . 3 FR
77	R ,,	;	R . 1 FR
78	P ,,	;	Cpr P
79	R ,,	,	F . 4 F
80	R ,,	;	P . 5 F
81	R ,,	;	P . 6 F
82	R ,,	;	P . 7 F
83	R ,,	;	P . 8 F—F
84	R ,,	;	Fpr P
85	R ,,	;	F . 4 FR
86	R ,,	;	F . 2 TR
87	R ,,	;	F . 3 TR
88	R ,,	;	F . 2 CR
89	R ,,	;	P . 6 T
90	R ,,	;	F . 7 T
91	R ,,	;	P . 8 T—T
92	R ,,	;	T . 8 FR
93	R ,,	;	T . 1 FR
94	R ,,	;	T . 1 CR

95   R   „   ;   P . 7 R
96   R   „   ;   P . 8 R — D"
97   R   „   ;   D^e 5 R
98   R   „   ;   C . 6 TR
99   R   „   ;   C . 4 CR
100 R   „   ;   T . 3 R
101 R   „   ;   D'. 1 FR
102 R   „   ;   D'. 1 TD
103 R   „   ;   D'. 2 FR
104 C pr   D' et mate.

CXXVI

Partie d'échecs inverse par correspondance entre Paris et Marseille jouée du 15 décembre 1879 au 22 Mai 1880 avec les pièces d'une même couleur.

(Marseille)	(Paris)
(Avec les 16 pièces)	(Sans CD et TR)
1 P . 4 R ;	P . 4 R
2 P . 4 D ;	FR. 3 D

3	PDpr PR	;	Fpr PR
4	D . 3 TR	;	D . 3 FR
5	P . 3 FD	;	P . 3 D
6	F . 4 FD	;	CR 3 TR
7	P . 3 TR	;	F . 2 D
8	FD . 5 CR	;	D . 3 CR
9	Dpr D	;	PFpr D
10	P . 4 FR	;	F . 3 FR
11	Fpr F	;	PCpr F
12	CD . 2 D	;	Rroque D
13	CR . 2 R	;	P . 3 TD
14	CR . 4 D	;	T . 1 R
15	Rroque D	;	P . 4 FR
16	TD . 1 R	;	P . 4 CD
17	F . 3 D	;	Ppr PR
18	CDpr PR	;	T . 1 FR
19	P . 3 CR	;	C . 4 FR
20	F . 6 R	;	P . 1 D
21	Fpr C	;	Ppr FR
22	CD . 3 FD	;	T . 3 FR
23	P . 4 TR	;	T . 4 TR

24	P . 4 CD	;	R . 1 D
25	P . 3 TD	;	T . 3 CR
26	TD. 3 R	;	R . 1 F
27	TR. 1 R	;	R . 1 C
28	R . 2 D	;	T . 2 C
29	R . 2 R	;	R . 1 F
30	R . 3 F	;	T . 3 C
31	TD. 7 R	;	T . 3 D
32	TD. 7 TR	;	R . 1 D
33	TD. 8 TR	;	F couvre
34	TR. 5 R	;	P . 3 FD
35	C . 7 CD	;	R . 2 D
36	Cpr T	;	Rpr C
37	TD. 6 TR	;	R . 2 D
38	Cpr PFD	;	P . 4 TD
39	TR pr FD	;	R . 1 F
40	C . 7 R	;	R . 2 F
41	Ppr PTD	;	F . 2 FR
42	TR pr FCD	;	R . 2 D
43	TR. 7 CD	;	R . 1 D
44	TD. 8 TR	;	F . 1 R

45 P. 3 D   ; P   F
46 P. 6 TD   ; .   ?
47 P. 4 ?D   ;   F
48 P. 5 TD   ; P   R
49 P. 4 FD   ; R   F
50 P. 5 FD   ; . 1 D
51 P. 7 TD   ; D   F
52 P. 6 TD   ; P. 1 D
53 R. 2 C   ; R. 1 F
54 R. 3 T   . P. 1 D
55 C. 3 R   ; D. 1 F
56 C. 2 C   ; R. 1 D
57 TR. 6 CD ; R. 2 D
58 P— D'   ; R. 2 FD
59 P. 7 TD   ; . 2 D
60 D'. 8 CD ; . 3 CR
61 TR. 6 D   ; P. 2 R
62 D'. 8 D   ; R. 2 F
63 TD. 8 CR ; . 2 CR
64 D'. 7 R   ; F Guerre
65 P— D"   ; R. 2 T

66	Dº. 3 FR	;	R . 2 C
67	P . 6 FD	;	R . 2 T
68	Dºpr P	;	R . 2 C
69	Dº. 1 D	;	R . 2 T
70	Dº. 1 FR	;	R . 2 C
71	Dº. 2 TR	;	R . 2 T
72	P . 7 FD	;	R . 2 C
73	C_ Dᵐ	;	R . 2 T
74	Dᵐ pr P	;	R . 2 C
75	Dº. 7 D	;	R . 2 T
76	Dº. 1 CR	;	R . 2 C
77	Dº. 6 CD	;	R . 2 T
78	T . 1 D	;	R . 2 C
79	T . 1 TR	;	R . 2 T
80	T . 2 TR	;	R . 2 C
81	T . 3 CD	;	R . 2 T
82	Dº. 8 D	;	R . 2 C
83	Dº. 8 FR	;	R . 2 T
84	Dº. 4 D	;	R . 3 C
85	Dº. 4 R	;	R . 4 T
86	Dº. 3 FR	;	R . 3 C

87	D̃. 4 CR	;	R . 2 T
88	D̃. 8 CR	;	R . 3 T
89	D̃. 6 FR	;	F couvre
90	D̃. 6 R	;	R . 4 T
91	D̃. 5 FR	;	R . 3 T
92	D̃. 8 FD	;	R . 4 T
93	D̃. 8 TR	;	F couvre
94	D̃. 7 FR	;	R . 3 T
95	D̃. 6 FR	;	F couvre
96	D̃. 7 CR	;	R . 4 T
97	D̃. 5 FR	;	F pr D
98	D̃. 4 C	;	F pr D, mate

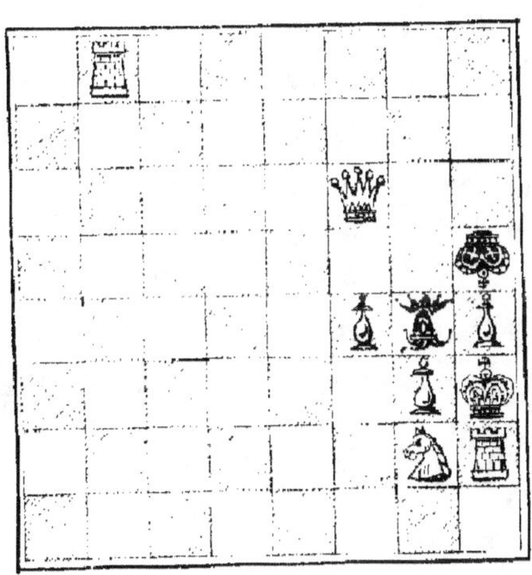

CXXVII

*Partie directe et inverse par correspondance
entre Paris et Marseille jouée le 1.^r février
1880 au 27 Mai 1880.*

———•———

	(Paris)		(Marseille)
1	P . 4 R	;	
2	P . 4 D	;	
3	CD . 3 FD	;	P . 3 FD
4	FR . 4 FD	;	P . 3 R
5	C . 3 TR	;	P . 3 TD
6	P . 5 R	;	P . 3 CR
7	FD . 5 CR	;	FR . 2 R
8	CD . 4 R	;	FR pr FD
9	CR pr F	;	CR . 3 TR
10	CD . 6 D	;	R . 1 FR

11 D . 3 FR   ; Dpr CR
12 Cpr FD   ; CR. 4 FR
13 P . 5 D   ; PFDprPD
14 Fpr PD   ; Ppr F
15 Dpr PD   ; C . 3 FD
16 Dpr PD   ; D . 1 D
17 P . 6 R   ; Ppr P
18 RroqueTD ; Dpr   D
19 Tpr D   ; Tpr   C
20 P . 3 FD   ; P . 4 CD
21 TR. 1 D   ; CR. 2 R
22 R . 2 D   ; TD. 1 D
23 R . 3 R   ; TDpr TD
24 TRprTD   ; R . 2 F
25 R . 4 FR   ; T . 1 D
26 T . 7 CD   ; P . 3 TR
27 T . 7 FD   ; R . 3 FR
28 P . 3 TD   ; C . 4 D
29 R . 4 C   ; Cpr   T
30 P . 4 TR   ; P . 4 TR
31 R . 3 F   ; CD 4 R

32	R . 2R	;	P . 4 TD
33	P . 3 FR	;	P . 5 TD
34	P . 4 CR	;	P pr PCR
35	P pr PC	;	C pr PC
36	R . 3 F	;	C . 3 FR
37	R . 4 F	;	T . 6 D
38	P . 5 T	;	C . 3 TD
39	P pr P	;	P . 4 R (1)
40	R juue	;	C . 4 FD mate

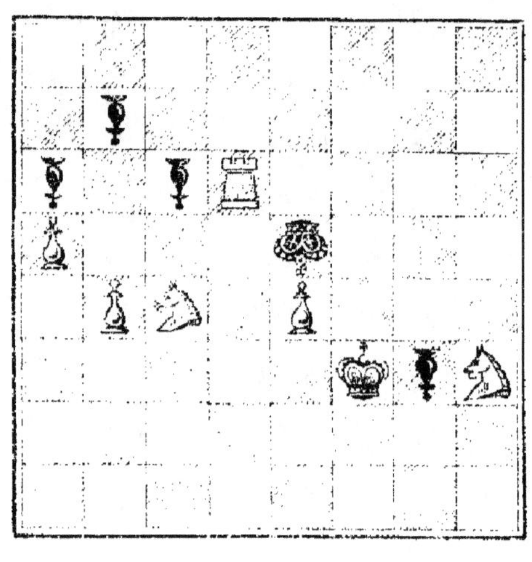

(1) Suite du CXXVII terminé en inverse.

40   R . 4 R   ;   T . 2 0 !
41   R . 3 / R   ;   R . 4 FR
42   P . 4 CD   ;   P . 3 R
43   R . 3 CR   ;   T . 6 D
44   R . 4 TR   ;   T pr P
45   P . 7 CR   ;   C . / CR
46   R . 5 T   ;   P . 6 R
47   R . 4 T   ;   P . 7 R
48   R . 5 T   ;   R . 3 F
49   R . 4 C   ;   R . 2 F
50   R . 5 F   ;   P — D'
51   R . 5 F   ;   C . 2 R (2)
52   R . 5 C   ;   R . / CR
53   R . 6 F   ;   T pr P
54   R . 5 C   ;   T . 6 R
55   R . 6 F   ;   P . 6 TD
56   R . 5 C   ;   P . 7 T
57   R . 6 F   ;   P — D"
58   R . 5 C   ;   D" . 6 FD

59	R . 4 C	;	D″. 2 FD
60	R . 5 C	;	D′. 7 FR
61	R . 4 C	;	D′. 5 FR
62	R . 5 T	;	C . 4 F
63	P pr C	;	P . 5 CD
64	P . 6 FD	;	D′. 6 CR
65	R . 6 T	;	P . 6 CD
66	R . 5 T	;	P . 7 CD
67	P . 6 T	;	P . D‴
68	R . 5 T	;	C . 4 D
69	R . 6 TR	;	D″. 4 R
70	P . 7 FD	;	D″. 3 R
71	R . 5 T	;	D″. 1 FD
72	R . 6 T	;	T . 6 TD
73	R . 5 T	;	T . 4 TD
74	R . 6 T	;	D″. 7 CD
75	R . 5 T	;	C . 5 CD
76	R . 6 T	;	D′. 8 R
77	R . 6 C	;	C . 3 FD
78	R . 6 T	;	D″. 6 TR
79	R . 6 C	;	D″. 7 TR

80 P—C(m)(3) ;   D". 3 TR

81 R pr D"   ;   D'. 8 TR

82 R joue   ;   C . 2 R

83 C pr C mate.

———————

(2) Il y a toujours moyen de débloquer
  le C pour jouer R—1 CR !

(3) { Si P—F   ; D'. 3 R !
     { Si P—Tou D ; D'. 1 R !

———————

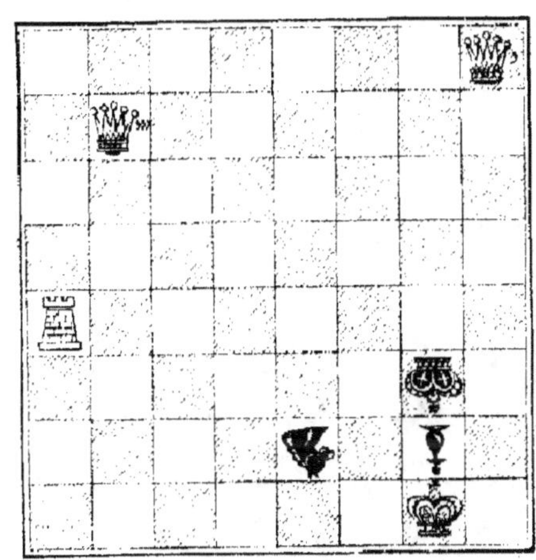

CXXVIII

Partie directe et inverse par correspondance entre Paris et Marseille

Jouée du 20 Mai au {19 Août 1880 / 31 (inverse) 1880}

1	P . 4 R	;	P . 4 R
2	CR. 3 FR	;	CD. 3 FD
3	P . 4 D	;	P pr P D
4	CR pr P D	;	CD pr CR
5	D pr CD	;	P . 4 FD
6	D . 5 R	;	D . 2 R
7	D . 5 D	;	P . 3 TR
8	C . 3 FD	;	C . 3 FR
9	D . 3 CD	;	P . 3 TD
10	P . 4 TD	;	P . 3 D
11	FR. 4 FD	;	P . 4 CR
12	Rroque R	;	F . 2 CR
13	F . 2 D	;	Rroque R
14	TR. 1 R	;	F . 3 R

15 CD. 5 D   ; Fpr   C
16 Ppr   F   ; D . 2 FD
17 D . 3 FR   ; TD. 1 R
18 TR. 3 R   ; Tpr   T
19 Fpr   T   ; TR. 1 R
20 TD. 1 R   ; TR. 4 R
21 FD. 2 D   ; Tpr   T
22 FDpr T   ; D . 2 D
23 FD. 3 FD   ; Dpr   PTD
24 P . 3 CD   ; D . 7 TD (A)
25 Fpr   CR   ; Dpr   PFD
26 F . 3 D   ; D . 8 FD
27 Fcouvre (m); D . 5 FR
28 Fpr   F   ; Dpr   D.
29 Ppr   D   ; Rpr   F
30 F . 3 TR   ; R . 3 FR
31 F . 8 FD   ; P . 4 TD (1)
32 Fpr   PC   ; P . 5 FD
33 Ppr   P (m); P . 5 TD
34 P . 5 FD   ; Ppr   P
35 F . 6 TD   ; R . 4 R

36	F . 4 FD	;	P	4 FR
37	R . 1 FR	;	P	6 TD
38	R . 2 R	;	R	5 D
39	P . 6 D	;	R pr F (2)	
40	P . 7 D	;	P	7 TD
41	P . 8 D—D';		P	8 T—D'
42	D'. 3 D	;	R	5 CD
43	D'pr P	;	D'	3 TD (3)
44	R . 3 R	;	P	5 FD (B)
45	R . 4 D	;	D'	3 D
46	R . 4 R	;	D'	6 D
47	R . 5 R	;	D'pr D'	
48	R pr D'	;	P	6 F
49	R . 6 C	;	P	7 F
50	R pr PT	;	P	8 F—D" (C)
51	R . 5 T	;	D"	5 FR
52	P . 3 TR	;	R	4 FR
53	R . 6 CR	;	R	3 D
54	R . 5 T	;	R	3 R
55	R . 6 CR	;	R	2 R
56	R . 5 T	;	R	3 F

(A) Position aux 24mes coups.

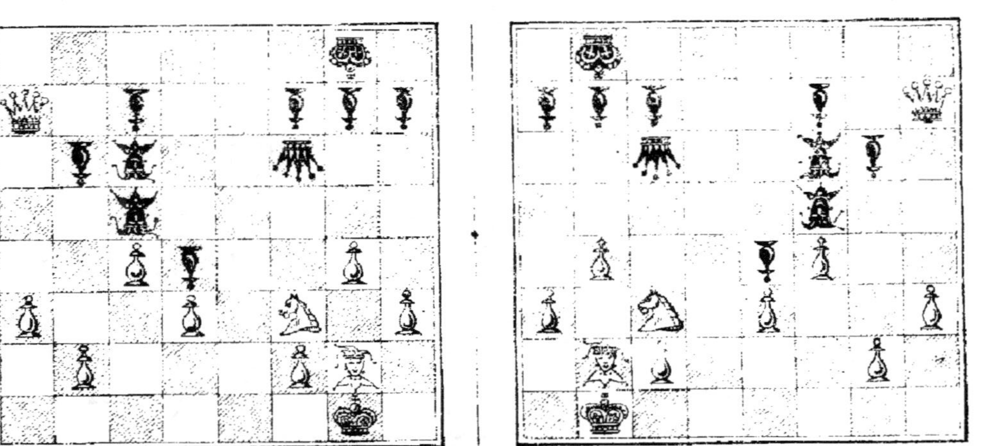

(B) Position aux 44mes coups.

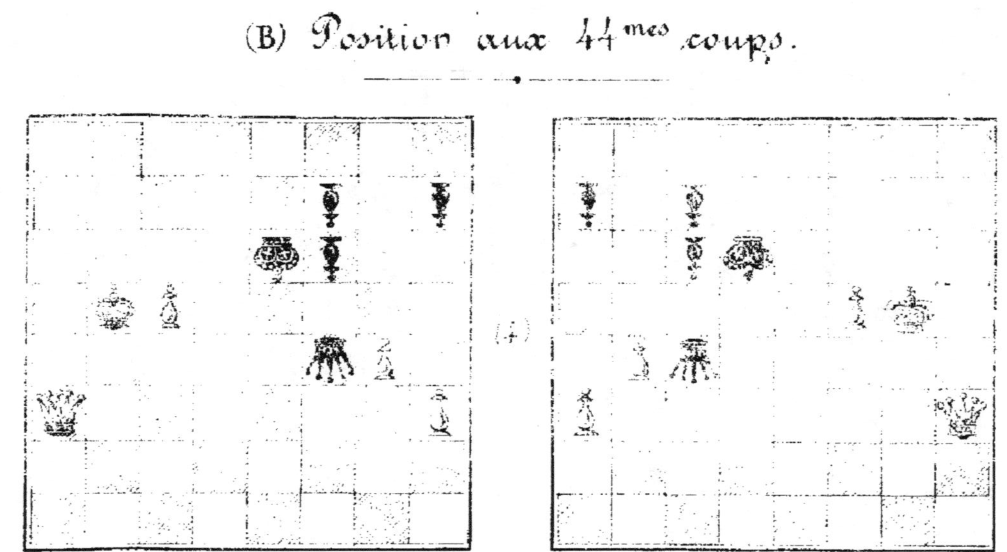

(C) Positions aux 50ᵐᵉˢ. coups.

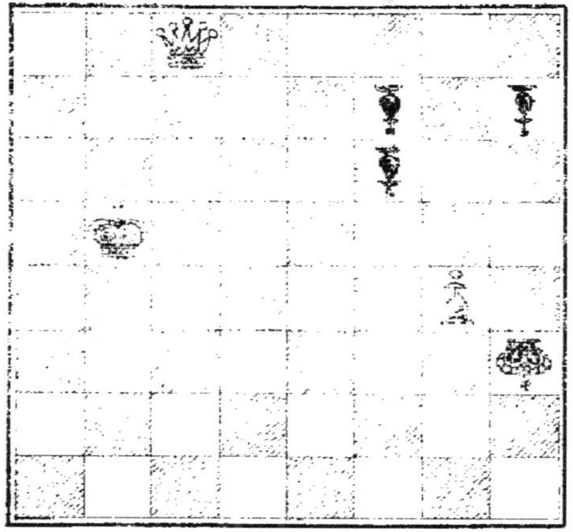

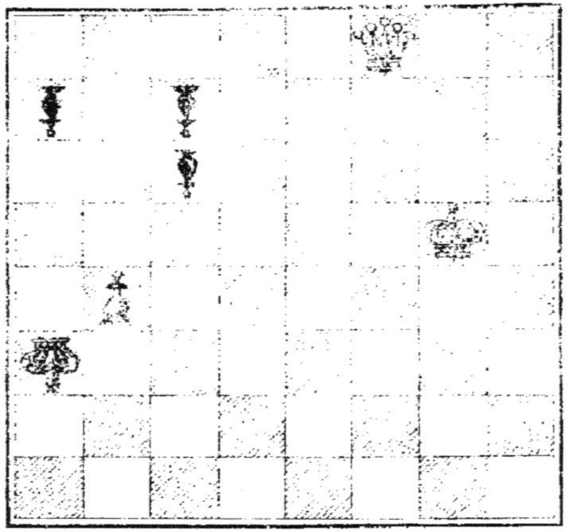

(D) Position du mat direct.

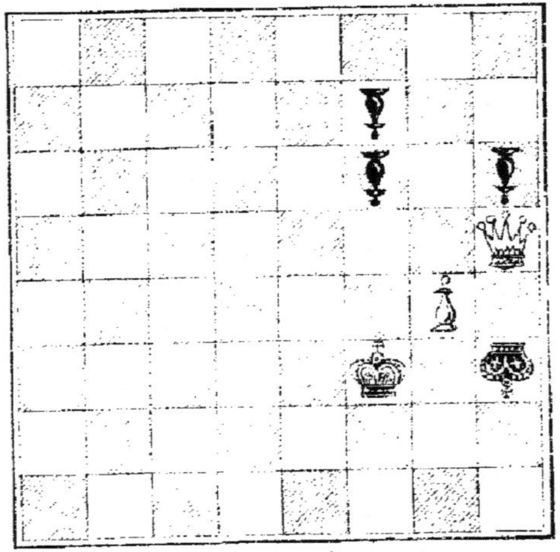

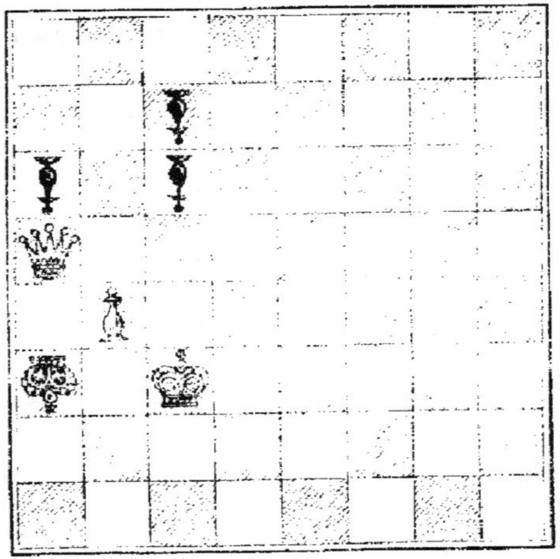

57 R. 6 T   ;   D͞. 5 TR
          (5)   mate. (D)

——————————— ♦ ———————————

(1) Le 31ᵉ coup paraît bien joué de
     part et d'autre.
(2) Paris eût mieux fait de jouer son
     F peut-être.
(3) Marseille joue peut-être bien ce coup.
(4) Si Paris eut fait échec à 1CD, il y eût
     eu peut-être nullité de partie.
(5) Paris ne pouvant abandonner, d'après les
     accords, abrège la partie.

——————————— ♦ ———————————

Bifurcation de la partie transformée en inverse.

     57   R. 6 T   ;   R. 4 R?
     58   R. 5 T   ;   D͞. 5 T
     59   R. 6 C   ;   R. 5 FR
     60   R. 6 FR   ;   D̄pr PT
     61   R. 6 C   ;   D͞. 3 R
     62   R. 5 T   ;   D͞. 2 F

63	R . 6 T	;	R . 4 F
64	P joue	;	P joue
65	P „	;	D". 1 FR
66	R . 5 T	;	P joue
67	R . 4 T	;	P „
68	R . 3 T	;	P —— D"'
69	R . 4 T	;	D"'. 7 CR
70	R . 5 T	;	D". 2 CR
71	R . 4 T	;	D"'. 6 CR
72	R . 5 T	;	R . 3 FR
73	P joue	;	D". 1 FR
74	P „	;	R . 2 FR
75	P „	;	R . 1 CR
76	P „	;	R . 2 TR
77	P „	;	R . 1 TR
78	P „	;	D". 4 FD!
79	R „	;	D"'. 2 CR
80	P pr D"'m.		

CXXIX

Partie inverse par correspondance
jouée du 20 Août au 20 Nov^bre 1880.

1	P . 4 R	;	P . 4 R
2	C . 3 FR	;	C . 3 FD
3	F . 5 CD	;	C . 3 FR
4	P . 4 D	;	P pr P
5	Rroque TR	;	F . 4 FD
6	P . 5 R	;	CR . 4 D
7	FD . 5 CR	;	CD . 2 R
8	P . 6 R	;	PF pr PR
9	C . 5 R	;	Rroque TR
10	D . 4 CR	;	P . 3 D

11	FD. 6 TR	;	CD. 4 FR
12	FD. 5 CR	;	CR. 3 FR
13	CR. 6 FD	;	P pr CR
14	F pr P	;	CR pr D
15	F pr D	;	CD. 6 R!
16	P pr CD	;	T pr T
17	R pr T	;	F . 3 TD
18	R . 1 C	;	TD pr FD
19	P pr P	;	F pr P
20	R . 1 T	;	F pr PCD
21	P . 3 TR	;	C . 4 R
22	F . 4 TD	;	F pr T
23	F . 3 CD	;	CR. 5 FD
24	F pr C	;	T . 1 C
25	F pr F	;	F . 4 R
26	F . 4 F	;	T pr C
27	F couvre	;	F . 6 C
28	R joue	;	P . 4 R
29	R „	;	P . 5 R
30	R „	;	P . 6 R
31	R „	;	P . 7 R

32	R joue	;	P == D'
33	R ,	;	D'. 7 F
34	P . 4 TR	;	P . 4 TR
35	P . 3 TD	;	R . 1 F
36	P . 4 TD	;	R . 1 R
37	P . 5 TD	;	R . 1 D
38	P . 6 TD	;	R . 1 F
39	P . 3 FD	;	P . 4 F
40	P . 4 FD	;	D'. 7 R
41	R joue	;	R . 1 C
42	R ,	;	R . 1 T
43	R ,	;	D'pr P
44	R ,	;	D'pr PTR
45	R ,	;	D'. 1 D
46	R ,	;	P . 4 D
47	R ,	;	P . 5 D
48	R ,	;	P . 6 D
49	R ,	;	P . 7 D
50	R ,	;	T . 8 R!
51	R ,	;	P == C'
52	R ,	;	C'. 6 R

53	R joue	; C . 5 C
54	R	; D'. 8 D
55	R	; T . 7 R
56	R	; T . 7 T
57	R	; P . 5 F (1)
58	R	; P . 6 F
59	R	; P . 7 F
60	R	; P = F'
61	R	; F'. 6 R
62	R	; F . 1 C
63	P	; D'. 6 F
64	F couvre	; P C joue
65	F pr D et mate !	

---

	(1)	; P . 5 T
58'	R joue	; F . 7 F
59'	F	; F pr P
60'	R	; F . 1 C
61'	R	; P . 6 T
62'	R	; P . 7 T
63'	R	; D'. 6 F

Position après le 57.ᵉ coup
du 1.ᵉʳ Joueur
(noirs d'après le diagramme.)

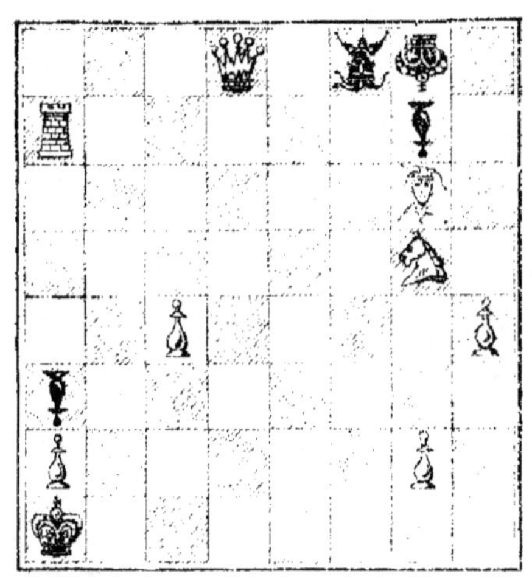

64. Écouvre : T. 4 T (2)
65. F pr D, mate !

----------•----------

(2) ou P joue !

----------+----------

CXXX

Partie par correspondance.
(20 Août – 30 Décembre 1880)

1	P . 4 R	;	P . 4 R
2	C . 3 FR	;	C . 3 FD
3	F . 5 CD	;	C . 3 FR
4	P . 3 D	;	P . 3 D
5	P . 3 FD	;	P . 3 TD
6	F . 4 TD	;	P . 4 CD
7	F . 3 CD	;	C . 4 TD
8	C . 5 CR	;	Cpr F
9	Dpr CD	;	D . 2 R
10	C . 3 TD	;	P . 3 TR
11	Cpr PCD	;	Ppr CD
12	Dpr PCD	;	D . 2 D!
13	Dpr D	;	Fpr D
14	C . 3 FR	;	P . 4 CR
15	P . 3 TR	;	F . 5 TD
16	FD . 3 R	;	F . 7 FD

17	R . 2 D	;	Cpr PR
18	Rpr F	;	C . 3 FR
19	C . 2 D	;	P . 4 D
20	P . 3 FR	;	F . 3 D
21	P . 3 TD	;	R . 2 D
22	P . 4 CD	;	TR. 1 CD (A)
23	C . 3 C	;	C . 1 R
24	P . 4 D	;	P . 3 FR
25	Ppr P	;	Ppr. P
26	C . 5 F	;	Fpr C
27	Fpr F	;	C . 3 FR
28	TR. 1 R	;	R . 3 R
29	P . 4 TD	;	P . 3 F
30	P . 5 TD	;	C . 2 D
31	F . 4 D	;	R . 3 D
32	F . 2 F	;	P . 4 F
33	Ppr P	;	Cpr P
34	Fpr C	;	Rpr F
35	TRpr PR	;	T . 4 C
36	TD. 1 D	;	R . 3 D
37	P . 4 FD	;	TRpr P

(A) Positions aux 22ᵉˢ coups joués.

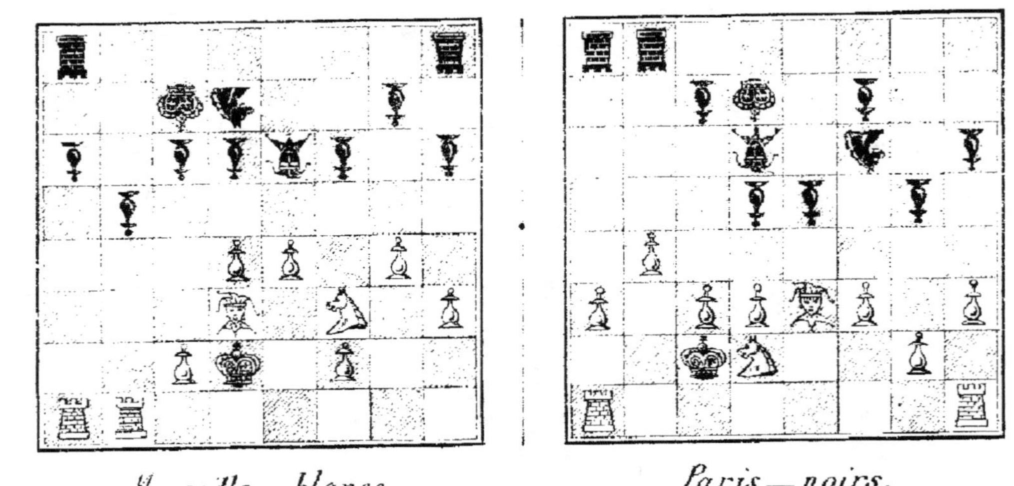

Marseille = blancs.

Paris = noirs.

38   TRprPD   ;   Tpr T
39   TprT   ;   R . 3 R
40   R . 3 D   ;   T . 7 TD
41   P . 4 C   ;   T . 7 TR
42   R . 4 R   ;   Tpr P
43   P . 5 D   ;   T . 8 T
44   T . 6 D   ;   R . 2 R
45   R . 5 D   ;   P . 4 TR
46   T . 6 R   ;   R . 2 D
47   P . 6 F   ;   R . 2 F
48   T . 7 R   ;   R . 1 F
49   P pr P   ;   T pc P
50   T . 5 R   ;   T . 6 T
51   R . 6 D   ;   T . 3 T
52   T . 6 R   ;   T . 1 T
53   P . 7 F   ;   T . 1 C
54   R . 6 F   ;   T . 1 F
55   T . 6 CR ;   T . 1 T
56   T . 6 D   ;   T . 1 F
57   R . 6 C   ;   T . 1 C
58   T . 6 FD ;   P joue

59	T pr P	;	T pr P
60	R . 7 T	;	T . 5 TD
61	R . 6 C	;	T . 5 CD
62	R . 5 F	;	T . 2 C
63	R . 6 D	;	T . 8 C
64	R . 7 R	;	T . 8 R
65	R . 6 F	;	T . 8 FR
66	R . 6 R	;	T . 7 FR
67	R . 6 D	;	T . 2 FR
68	T . 6 T	;	T pr P
69	T . 8 T	;	R . 2 C !
70	T . 8 D	;	R . 3 C
71	T . 8 CD	;	T couvre
72	T pr T	;	R pr T ! (1)

---

(1) L'une des 3.612 finales de parties avec RR seuls.

Cette partie devait se bifurquer à une certaine position en inverse : cela n'a pu avoir lieu, et elle est nulle sous les deux points de vue <u>direct</u> et <u>inverse</u>.

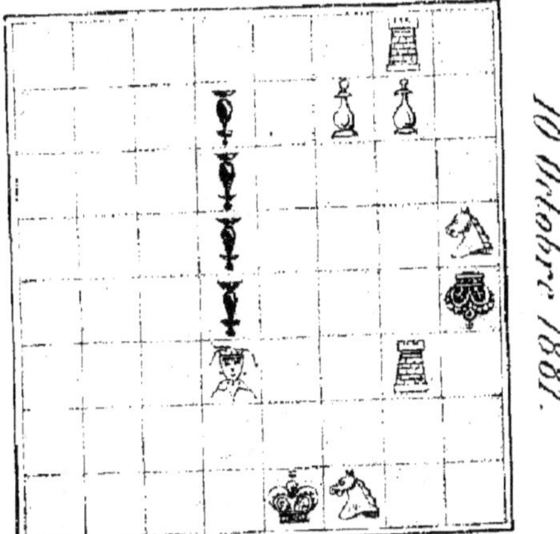

les Blancs se font { mater en 11 coups
                   { pater „ 13 „

10 Octobre 1881.

CXXXII

Problème inverse ?
en 5 (4, 3, 2, 1) coups.

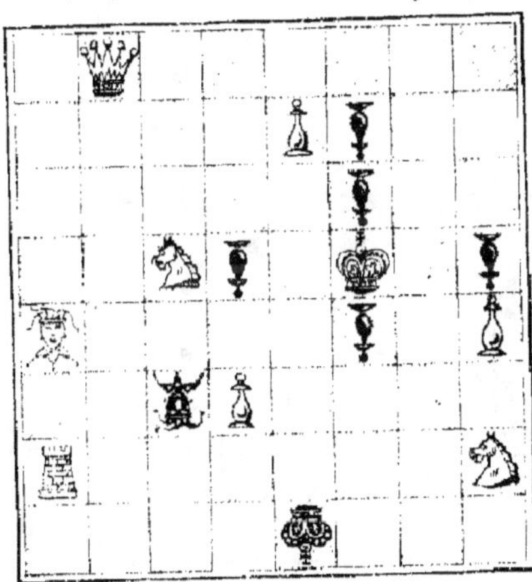

*Les diagrammes suivants donnent la
solution complète et forment en quelque sorte
des problèmes en de moindres coups.*

Les Blancs se font mater en 4 coups.

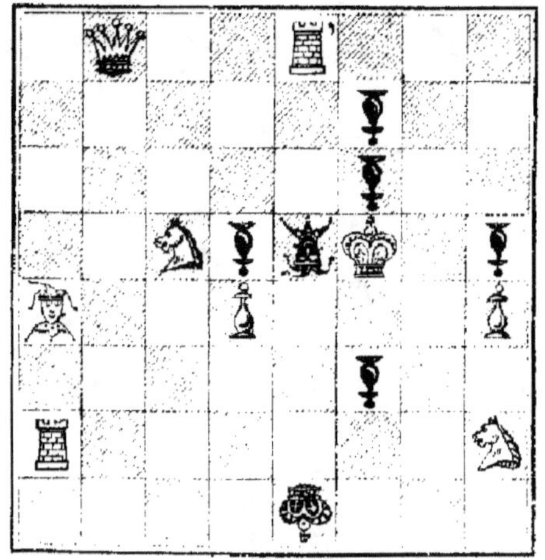

Les Blancs se font mater en 3 coups.

Les Blancs se font mater en 2 coups.

Les Blancs se font mater en 1 coup.

Fantaisie zatrikiologique.

*Placer les 4 Dames sur les 0
cases des Rois.*

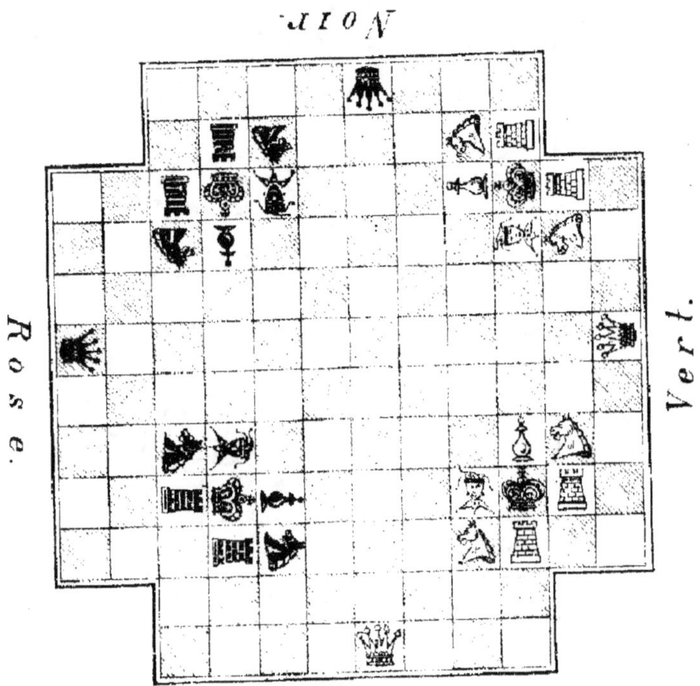

*Celui qui commence se fait mater
en 1 coup en même temps que 2
autres joueurs quel que soit le tour
de rôle.*

Fin de partie en 18 coups.

Les Blancs et les Verts jouent contre les Noirs et les Roses.
Les Blancs commencent.

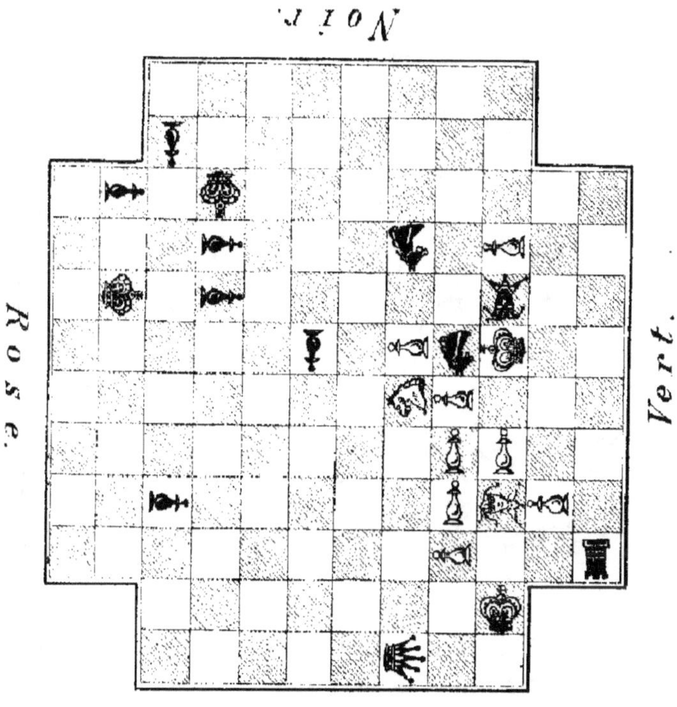

Fin de partie en 8 coups.

Les Blancs commencent, les Verts jouent ensuite, puis les Noirs, etc.; les joueurs ne sont point associés.

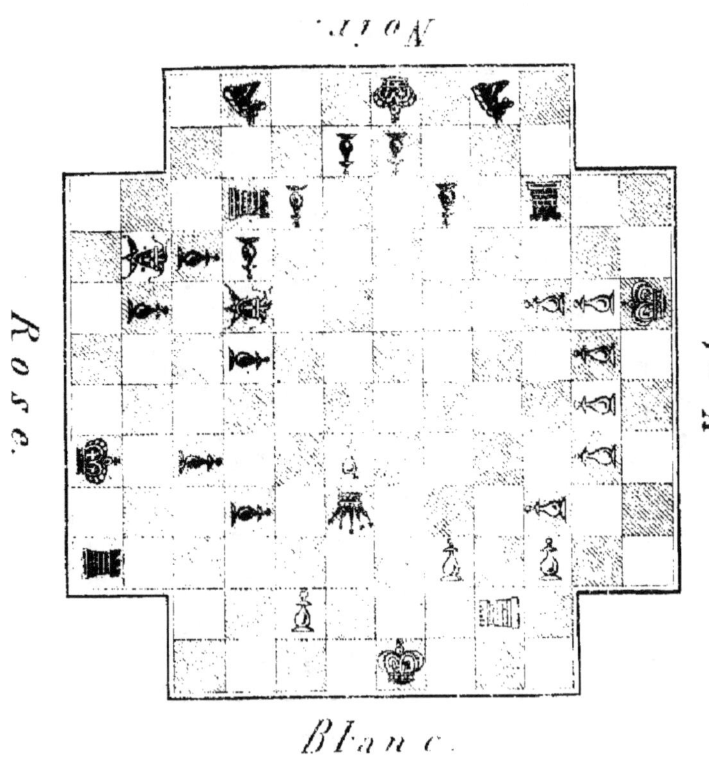

CXXXVI. Partie d'échecs à quatre.

	Blanc.	Vert.	Noir.	Rose.
1	PTRpr Pvert	C . 3 FD	PTDpr Prose	C . 3 FR
2	PTDpr Prose	Cpr P blanc	PCD. 4 CD	Cpr Pnoir
3	Ppr Crose=D	Cpr T blanc	Ppr Pvert	Tpr D'bl (1)
4	Tpr Tnoir	P . 3 CD	F . 2 CD	Cpr T blanc
5	C . 3 FR	Fpr C blanc	Fpr Crose	P . 4 R
6	Cpr Tvert	C . 3 FR	Fpr T vert	P . 3 FD
7	F . 2 CR	C . 2 TD	P . 3 FD	P . 3 D
8	R . 1 FR	Tpr P noir	P . 3 FR	P . 4 CD
9	P . 4 D	Cpr F blanc	P . 4 CR	P . 3 CR
10	Rpr Cvert	Dpr F noir	Ppr Cvert	F . 2 CR

130

11	P . 4 R	PC pr P noir	F pr F vert	F . 4 FR
12	D . 3 D	R pr Fn.	D . 2 FD	T . 4 TR
13	D . 3 CD	D . 4, D, éch.	D . 4 R	D pr D bl. (2)
14	R . 1 E	D pr P rose, éch.	D pr P bl.	D . 1 D
15	R . 1 C	D pr PFD rose, éc.	D . 12 R, éch	D . 2 D
16	R . 2 C	D . 7 FD, éch.	D pr F bl.	D . 9 D. éch.
17	Maté. (3)	P . 3 D	C . 3 TR	F . 6 D
18	On enlève	P . 3 R	C . 4 FR	D . 8 D
19	ses pièces.	D . 10 FD éch.	R . 2 FR	R . 2 R
20		D . 11 FD, éc.	C pr P vert	R . 3 R
21		D pr T rose	D . 10 TD, éc.	R . 4 FR
22		P . 2 CR	D . 1 TD vert, éc.	D pr PD vert, éc.
23		Maté (pièces enlevées)	D . 7 CR	D pr D noir

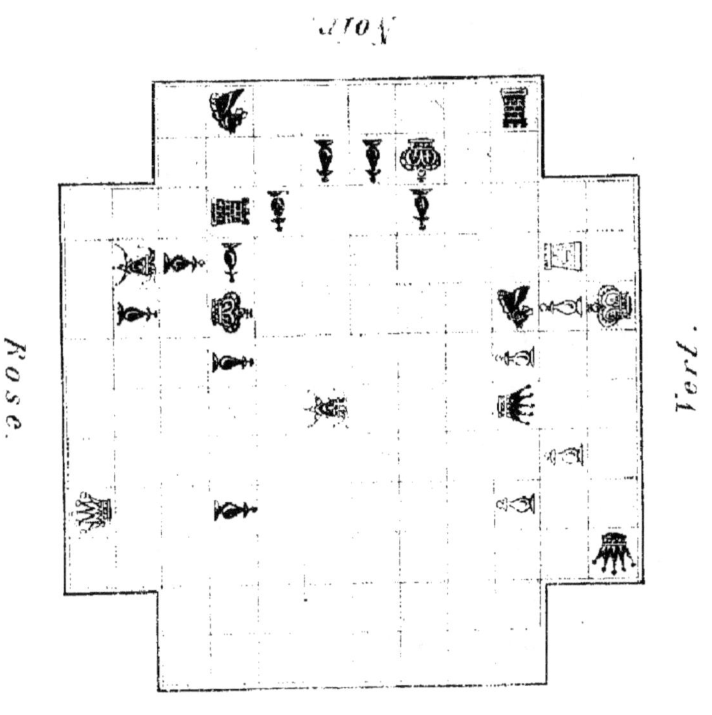
Noir.
Rose.
Vert.
Blanc.

Noir.	Rose.
24 C pr D rose	P . 5 R
25 R . 3 R	F . 4 R, éc.
26 P . 4 D	P . 3 FR
27 P pr P rose	R pr P noir
28 R . 3 D	P . 5 CD
29 T . 5 TR, éc.	T . 4 FR
30 T pr T rose, éc	P pr T noir
31 C . 2 D	P . 6 CD
32 C . 4 R	P . 7 CD
33 C . 6 FR	F . 6 FD
34 C pr F rose	P pr C noir
35 P . 4 R	R . 4 R
36 P . 4 FD	P pr P noir, éc.
37 R pr P rose	R . 5 R
38 P . 5 D, éc.	R . 6 R
39 C . 5 FR, éc	R . 7 FR
40 R . 3 D	R . 8 CR
41 R . 2 R	P . 8 CD
42 C . 7 CR	P . 9 CD
43 C . 9 TR	P . 7 D

Noir.	Rose.
44 C . 7 CR	F . 7 CD
45 C . 9 T	F . 8 FD
46 P . 6 D	R . 9 FR
47 P . 7 D	R . 10 R
48 P . 8 D	R . 10 D
49 P . 9 D	R . 9 FD
50 Cpr Frose	Ppr Cnoir
51 P . 10 D	P . 10 CD
52 P . 11 D	P . 11 CD
53 P = D'	P = D'
54 R . 3 R	R . 10 CD
55 D'. 9 D, ec	R . 11 FD
56 D'. 11 FD, ec.	D'couvre
57 D'pr Prose, ec.	D'. 10 FD
58 D'pr D'rose	Rpr D'noir
59 R . 4 F	R . 9 D
60 R . 5 F	R . 8 D
61 P . 5 R	R . 7 D
62 R . 6 C	R . 7 R
63 R . 4 FR	R . 7 D

134

	Noir.	Rose.
64	P . 5 FR	R . 7 FD
65	P . 5 R	R . 8 FD
66	P . 6 FR	R . 8 CD
67	P . 7 R	R . 7 CD
68	P . 7 FR	R . 8 CD
69	R . 7 C	R . 9 CD
70	P . 8 R	R . 8 FD
71	R . 8 FR	R . 7 TD
72	P . 9 R	R . 2 R blanc
73	R . 9 FR	R . 2 FR bl.
74	P . 10 R bl	R . 2 R bl.
75	P . 9 FR	R . 1 R bl.
76	R . 10 FR	R . 1 FR bl.
77	P . 11 R bl	R . 1 R bl.
78	P . 9 FR	R . 2 D bl.
79	R . 11 FR	R . 2 FD bl.
80	P . 11 R	R . 2 CD bl.
81	D . 9 CD bl	R . 2 TD bl.
82	D . 10 FD	R . 1 CD bl.
83	R . 11 R	R . 2 TD bl.

Noir.	Rose.
84 R . 11 D	R . 1 CD bl.
85 D . 8 TD	R . 2 CD bl.
86 D . 9 TD	R . 1 CD bl.
87 R . 10 FD	R . 1 FD bl.
88 D . 12 TD ou 11 FD	Maté.

(1) Mieux eût été peut-être de prendre l'vert.

(2) Vu que R bl. est en échec déjà.

(3) Ne pouvant couvrir l'échec par le vert, il est conséquemment maté par le rose.

Nota — Nous allons terminer cette Brochure par une partie à 4 par association.

Nous donnerons dans une autre Brochure, actuellement sous presse, les solutions des fins de parties précédentes.

CXXXII. _ Partie à 4 par association.

Blanc associé avec Vert.		Noir associé avec Rose	
1 CR.3 FR	CD. 3 FD	Ppr Pvert	Ppr P blanc
2 Tpr Prose	Tpr P noir	P . 4 R	CR. 3 FR
3 P . 3 FD	P . 4 D	CD. 3 FD	CD. 3 FD
4 P . 4 CD	CR. 3 FR	P . 3 CD	CD. 2 TD
5 P . 3 R	F . 5 CR	P . 3 D	P . 3 CD
6 Fpr Frose	F . 8 D	CR. 2 R	Tpr F bl.
7 CD.3 TD	Fpr Crose	P . 4 CD	PRpr F vert
8 Fpr Frose	P . 3 R	CR. 4 D	Rpr F bl.
9 D . 2 R.éch.	F . 5 CD	D . 4 CR	R . 1 CR
10 RroqueR	F . 6 FD	P . 3 CR	P . 4 FD

11 Ppr Prose en passant	CR 5 R	Dpr D vert	Ppr P bl
12 CR. 4 D	Rpr D noir	F. 2 R,cc.	Dpr P vert,cc
13 CD. 5 CD	R. 1 R	F. 4 FR	Dpr CR vert
14 Tpr Prose	P. 3 CR	Fpr C bl.	T. 1 R
15 CRpr F noir	T. 1 D	Fpr T vert	D. 2 R
16 D. 4 FD	Cpr F noir	R. 2 D	C. 2 C bl.
17 D. 3 CD	Ppr P noir	Ppr P vert	Cpr T bl.
18 Dpr C rose	Tpr P noir	TD.1 CR	D. 6 R
19 P. 4 D	Tpr T noir	Tpr T vert	D. 2 TR noir
20 Dpr P rose	R. 2 D	T. 6 CR	P. 3 CR
21 Dpr T rose,cc.	Fpr T noir	CR.5 FR	R. 2 CR
22 D. 2 D rose	Fpr C noir	Ppr F vert	Dpr C bl.
23 D. 6 D	C. 3 FD	R. 2 R	T. 1 FD

24 D . 6 FR	P . 4 TD	R . 3 R	D . 6 TD
25 P . 4 FD	C . 5 CD	C . 4 R	D . 8 FD
26 D . 6 CR	P . 3 FD	P . 3 FD	D pr Dbl.éc.
27 P . 5 FD	PFD pr Drose	P . 4 D	P . 4 FR
28 P . 3 TR	R . 3 FD	P . 6 FR	T . 1 R
29 T . 1 CD	Ppr Pnoir	Cpr Pvert	P . 5 FR
30 T . 6 CD	C . 4 D	C . 4 CR	T . 8 R
31 P . 4 FR	R . 4 FD	Cpr PFvert	Tpr PRvert
32 P . 5 D	C . 5 FR.éc.	R . 4 FR	T . 9 R,éc.
33 T . 6 CR	P . 3 CD	P . 5 CD	Tpr Tbl.éc.
34 P . 6 FD	Cpr Trose	C . 6 CR	P . 6 FR
35 P . 4 R	P . 5 TD	P . 4 FD	P . 7 FR
36 P . 5 FR	C . 6 R,ec.	R . 4 R	P . 8 FR

37	P. 6 FR	C. 4 FR ec	R. 4 FR	P. 4 TR
38	Ppr C noir	C. 3 D	P. 3 D	P. 9 FR
39	P. 5 R	Cpr Pnoe	Rpr Cvert	P. 5 TR
40	P. 6 R	P. 6 TD	Rpr Pbl.	P. 6 TR
	Voir le Diagramme de la page 140.			
41	P. 6 D	P. 7 TD	P. 5 FD	P. 7 TR
42	P. 7 D	P. 8 TD	Ppr Pblanc	P. 8 TR
43	PRpr Pnoir	P. 9 TD	P. 6 CD	P. 9 TR
44	Ppr Pnoir	P. 10 TD	P. 3 TD	P. 4 FR
45	Ppr Pnoe en plac.	P. 11 TD	R. 6 FR	Rpr Pbl.
46	P. 4 CR	P. D	R. 6 R	P. 10 TR
47	R. 2 FR	D. 10 TD 2 ec.	Rpr Pbl.	R. 4 CR
48	R. 3 R	bpr PTrose	R. 7 FD	R. 4 FR

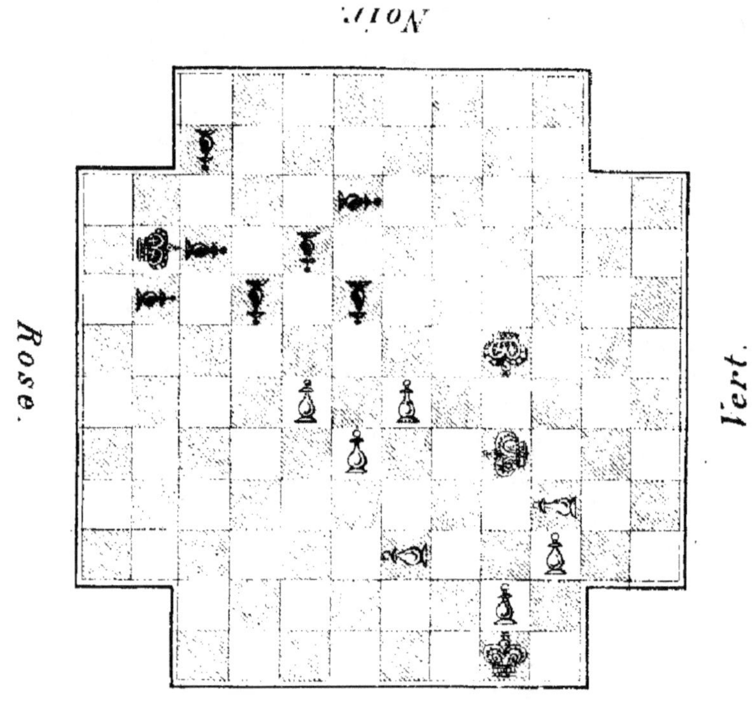

Noir.
Rose.
Vert.
Blanc.

49	R . 4 D	D'pr PT noir	P . 6 D	P . 4 CR
50	R . 4 FD	R . 5 D	P . 7 D	P . 5 CR
51	P . 5 CR	D'. 6 D	R . 6 FD	P . 6 CR
52	P . 6 CR	D'. 6 CR, éc.	R . 7 FD	R . 5 CR
53	P . 7 CR	P . 4 CD	P . 8 D, éc.	R . 5 FR
54	R . 4 D	P . 5 CD	R . 7 D	R . 5 CR
55	P . 8 CR	D . 6 D, éc.	R . 6 FD	R . 6 TR
56	P . 9 CR	D'pr P noir	R . 5 FD	R . 7 TR
57	P . 4 TR	D'. 6 D, 2 éc.	R . 5 D	P . 7 CR
58	P . 5 TR	D'. 5 R	R . 4 FD	P . 8 CR
59	P . 6 TR	D'. 5 FR	R . 3 FD	R . 2 FR noir
60	P . 10 CR éc.	D'pr Prose. éc.	R . 3 D	R . 2 CR noir
61	P . 7 TR	P . 6 CD	R . 2 R	R . 10 TR

62 R . 5D	P . 7 CD	R . 1 D	R . 2 CR noir
63 P . 8TR	P . 8 CD	R . 1 R	R . 10 TR
64 P . 9TR	P . 9 CD	R . 2 R	R . 2 CR noir
65 R . 6 D	D . 6 CR 2 éc.	R . 1 FR	R . 10 TR
66 R . 7 D	D . 5 CR, éc.	R . 1 CR	R . 11 CR
67 R . 8 R	R . 4 R	R . 2 CR	R . 10 TR
68 R . 8 FR	R . 3 FR	R . 1 CR	R . 2 CR noir
69 R . 9 CR	D'. 5 TR, éc.	R . 1 TR	R = paté,
70 P . 10 TR. mate	D'. 1 D noir,		ne pouvant
le R rose qui	mate le R noir		découvrir son
ne peut découvrir,	qui ne peut être		associé. Noir.
etc.	couvert, etc.		

INDEX   PAGES

www.ingramcontent.com/pod-product-compliance
Lightning Source LLC
LaVergne TN
LVHW012321170726
843503LV00002B/721